ENCONTRANDO ESPERANZA

Una guía para familias afectadas por la adicción

Published by:

ISBN: 978-0-9903118-3-6
Printed in the United States of America
Library of Congress Cataloging-in-Publication Data

For information regarding author interviews or speaking engagements, please contact the public relations department – Lance@LanceLang.com.

CAPÍTULO 1

¿POR QUÉ ESTO? ¿POR QUÉ AHORA?

Me encontraba profundamente atado a mi adicción la primera vez que mi papá me hizo una pregunta importante.

Fácilmente, estaba tomando entre 40 y 50 pastillas al día, retirando dinero de mi plan de jubilación de aquí para allá, robando efectivo en cualquier oportunidad que se me presentaba, y buscando entre las joyas de mi novia con la esperanza de encontrarme algo que me pudiera proporcionar USD 20 o 30 en una casa de empeño. (Más tarde me di cuenta de que ella ya había mandado todas sus verdaderas joyas a la casa de sus padres, porque sabía que en algún momento yo empezaría a buscar entre sus cosas).

Estaba en muy mala forma cuando mi padre me preguntó: «Hijo, ¿alguna vez has pensado en ir a AA?».

Lo volteé a mirar con una mirada fulminante y docenas de excusas corrieron por mi mente.

«¿Cuál excusa debería de usar?, pensé. Necesito tener dos o tres excusas, en caso de que me pregunte otra vez en unas cuantas semanas».

Yo no tenía ni idea de qué era AA, por qué ir, o de qué se trataba la adicción. Y honestamente, no creo que mi papá la tuviera tampoco.

Con mucha rapidez me pasó por la mente decirle que sí iría, y una vez fuera de mi casa cambiaría de opinión.

Y eso exactamente fue lo que hice. Y no lo hice del todo a propósito.

Terminé buscando en Google varias juntas de AA cerca de mi área, y encontré una cuyo horario me convenía, así que planeé asistir a una de sus reuniones. Pero esos planes apenas duraron unos momentos. Al final, la voz endemoniada en mi cabeza me dijo que yo en verdad no tenía ese problema, y que mucha gente inhala pastillas para el dolor, incluso las que ni siquiera son de ellos (¡hasta en el trabajo!).

De manera que le hice caso a la voz en mi cabeza.

En vez de una reunión de AA, terminé en el departamento de electrónicos en Walmart, mirando el mismo jaguar correr en cámara lenta en los llanos africanos por 45 minutos. Me subí a mi carro, manejé hasta mi casa, y claro, en media hora mi teléfono sonó.

«Cómo te fue?», me preguntó mi papá.

«Ah… bien», le dije, tratando de ampliar mi mentira con unos cuantos detalles que pudieran darle sentido, pero que, al mismo tiempo, se me hicieran fáciles de recordar. Rápidamente dije, «Ah, sí, todos se portaron muy bien conmigo y me invitaron a regresar la próxima semana».

Él se la creyó, y eso fue todo.

El primer encuentro de recuperación y sobriedad que mi

padre y yo en verdad compartimos ya está escrito en los libros.

Los dos hicimos lo que sabíamos hacer: él sugería algo que a lo mejor podría ayudar y yo contaba mentiras.

Ninguno de nosotros sabía nada sobre el problema que estábamos enfrentando, pero esta historia es un gran ejemplo de lo que la mayoría de los padres y las esposas tratan de hacer por sus seres queridos —y lo que la mayoría de los adictos suelen responder.

Desafortunadamente, si nos vamos a mirar en esta historia, tenemos también que estar conscientes de que esta manera de pensar simplemente no funciona. Nunca he conocido a alguien que haya alcanzado recuperarse por una sugestión casual, y ningún padre puede ayudar a su hijo cuando la base de la relación es la deshonestidad.

¿Quieres rendirte? ¿Tirar la toalla? ¿Quedarte de brazos cruzados con frustración? Está bien. Eso es natural. ¡Pero no te detengas ahí, porque hay esperanza!

Seguramente, en este momento te preguntas a ti mismo:

¿Cómo puedo ayudar a mi ser querido?

¿Qué puedo hacer para reparar el desmoronamiento en mi familia?

¿Qué les digo?

¿A quién le hablo?

¿Qué hacemos? ¡Necesitamos AYUDA!

Te prometo esto: ¡Lo lograremos! Pero primero lo primero. Necesitamos hablar de los PORQUÉS antes de llegar a los QUÉS.

¿Por qué un libro de familias?

¿Alguna vez has visto *Escándalo*, la serie de televisión?

Voy a ser honesto, me encanta esa serie. Yo sé que no es para todos, pero cuando la descubrí, no tuve más remedio que enamorarme, hasta el punto de mirar una vez cincuenta episodios en menos de una semana. (Sí, definitivamente soy un adicto; cuando empiezo a mirar una serie ¡no puedo parar! Sin duda, Netflix puede ser mi enemigo).

De todas formas, la serie trata de una mujer dinámica llamada Olivia Pope, quien trabaja como mánager de crisis especializada en situaciones políticas, lo que la hace perfecta para ser una serie que está basada y se desarrolla en Washington, DC.

Pero en la serie nadie la llama *mánager de crisis*; Olivia es conocida realmente como alguien que arregla situaciones. Cuando ocurren crisis mayores, tanto políticas como legales, llaman a Olivia para que ella arregle la situación. Y déjame decirte, ella es muy buena en lo que hace. Ella cubre todas sus bases, nunca se le pasa ningún ángulo, y casi nunca hay un problema que no pueda resolver (menos todo el amorío dramático con el presidente que nunca se acaba).

Cuando Olivia Pope descubre un problema, su primer instinto es arreglarlo.

Muchos padres, cónyuges, y miembros de familia de

adictos *piensan exactamente igual*. ¡Ellos ven un problema y lo quieren arreglar! ¡Ellos quieren hablarle a Olivia Pope! O lo que es peor: ¡ellos piensan que *son* Olivia Pope!

Muchos miembros de familia —padres, especialmente— creen de verdad que si la persona que ellos aman tiene un problema, ellos tienen o deberían tener la respuesta.

Pero el problema es que Olivia Pope no es real. Está basada

en una persona real, sí, pero en definitiva, ella es un carácter escrito para una serie de televisión que siempre llega a la cima en el final.

Tú no eres Olivia Pope. Tú no puedes arreglar todas las situaciones, y es una analogía loca lo que me ha llevado a escribir este libro (¡finalmente, todas esas horas de maratones de series servirán para beneficio de los demás!).

La mala noticia: tú no eres Olivia Pope.

Pero déjame decirte también las buenas nuevas: tú estás naturalmente programado para pensar que eres Olivia Pope. Porque los papás y mamás han estado jugando el rol de arréglalo todo desde que tu pequeño nació. Si se hizo mucho en el pañal, tú lo cambiaste. Cuando la cena se necesitaba hacer, tú la cocinaste. Probablemente en toda la existencia de tu hijo, tú estuviste ahí para arreglarlo todo.

Lo entiendo, verdaderamente lo entiendo. Yo tengo dos hijos. Ninguno de ellos es un joven en este momento, cuando escribo este libro, pero puedo recordar muchas veces en las que yo entré en el modo de arreglar todo.

Una noche en específico me viene a la mente.

Mi hijo Ben tenía cinco años y de alguna manera llegó hasta nuestra cama en medio de la noche, acomodándose en mi lado de la cama, entre la mesa de noche y yo. Él estaba en la orilla de la cama cuando de repente sentí que se cayó. Antes de que pudiera hacer algo ya había tocado el piso causando un sonido fuerte y empezó a gritar. Muy fuerte.

Mi mente automáticamente se despertó y se acordó del vaso de agua que había dejado en la mesa de mi cama. Durante los siguientes milisegundos, pensé. *Oh no, se cortó la cabeza o un pedazo de vidrio le entró a su cuerpo. Nunca se va* a ver igual que antes, va a quedar desfigurado, ¡y nunca lo *van a invitar a su baile de gala estudiantil! ¿Qué voy a hacer?* Es loco que tan rápido nuestras mentes se imaginen los peores resultados —como el hecho de no ir a su baile de gala estudiantil.

De todas maneras, regresemos a la historia: de inmediato reaccioné, prendí la luz, recogí a Ben, y lo lleve al baño.

Había sangre. Estaba en todas partes.

Me asusté muchísimo. Busqué en todo su cuerpo por alguna herida. La encontré en su pierna derecha, donde hallé una cortada enorme y un pedazo de músculo me miraba. Instantáneamente entré en modo *MacGyver*: Me quité la camisa, la corté a la mitad y se la amarré alrededor de la cortada.

Dos minutos después, estábamos en la camioneta camino al hospital.

Estos son el tipo de momentos que entrenan a nuestras mentes a pensar que cuando uno de nuestros seres queridos tiene dolor o está lastimado, nosotros tenemos el poder de sanarlos o de hacer que todo desaparezca.

No es fácil aceptar la realidad de que esto está muy lejos de ser verdad.

Cónyuges, ustedes también saben de lo que hablo. ¿Cuántas veces han pensado que pueden cambiar a la persona con la que se casaron? A lo mejor pensaron que la podrían cambiar cuando la persona dijera «sí, acepto», solo para darse cuenta después que en verdad no funciona de esa manera.

Lo siento mucho.

Cualquier persona que ha estado casada o en una relación

seria sabe que las luchas son verdaderas cuando se trata de cambiar a su pareja. Llegar a darse cuenta de que uno no puede cambiar a otro ser humano es difícil. Pero es necesario.

En los últimos años, Dios ha cambiado mi escenario de alguna manera. No lo que está físicamente a mi alrededor —todavía vivo y trabajo con hombres que se están recuperando desde hace varios años—, sino mi entorno *emocional* ha cambiado.

Mis más profundos deseos, los pensamientos que me mantienen despierto en la noche, los pensamientos que consumen y muy rara vez arreglan mi mente, Dios ha estado estirando mi corazón no solo hacia los hombres o mujeres que están batallando o los que están en una etapa temprana de recuperación sobria, sino también por su padres y esposos o esposas.

Mi corazón me duele por ellos.

Por ti.

Yo he escuchado tus historias de angustia;

Yo he escuchado cómo ruegas y suplicas junto conmigo para ayudar a tu cónyuge.

Yo he sido testigo de tu dolor por la pérdida de tus hijos.

Yo te he observado de lejos, mirando cómo la viciosa enfermedad de tu hijo se va filtrando hacia tu hija y a toda tu familia. Impactando despacio cada relación y torciendo la dinámica por completo.

Yo he visto hermanos desprenderse ellos mismos de sus propias familias. He visto parejas divorciarse.

Yo he visto cómo la adicción destruye tu familia y te deja sin esperanza.

Es demasiado.

Es a partir de esta huella que Dios ha dejado en mi corazón, que he decidido escribir este libro.

No soy el tipo de persona que se puede sentar al margen y mirar cómo sufre la gente. Yo no lo soporto y no me permitiría de manera egoísta quedarme con lo que Dios me ha llamado a regalar. La esperanza que he recibido no me fue dada *solo para* liberarme, me la regaló para ser regalada.

Ahora, no pretendo tener la solución para unir de nuevo a todas las familias, pero sí creo contar con un poco de experiencia, algunos recursos, y esperanza para darte y ayudarte a navegar el doloroso camino de la adicción.

Tú no puedes arreglar el problema, pero eso no significa que todo esté perdido. Tú no serás Olivia Pope, pero puedes vivir con esperanza.

¿Por qué tú y tus padres?

Puede que te estés preguntando, ¿cómo yo siendo el adicto, y no uno de los miembros de mi familia, esté *afectado* por mí, si no tengo la plataforma para hablar de este tipo de cosas? Y te diría que esa es una muy buena pregunta.

Pero mis padres han sido afectados por un adicto. Yo.

Ellos vivieron por esto; ellos aprendieron qué hacer (y qué no hacer), y experimentaron de primera mano la devastación emocional y confusión que los adictos pueden causar a los que aman.

Es una de las grandezas de la vida tener a mi mamá y a mi papá colaborando conmigo en un libro. Todos nosotros tenemos una buena parte de experiencia trabajando con familias, aunque la experiencia de mi papá supera con creces la mía.

Mi padre, Wendell, ha sido un pastor por más de treinta años y ha pasado *meses* de su vida sentado en sillones y tras un escritorio escuchando a familias hablar sobre cómo sus luchas hunden sus hogares.

Pero no es su experiencia en la oficina de consejería o tras un púlpito lo que va a probar lo valioso para ti de este libro. Lo que hace esta colección de páginas tan especial es lo diversa y distinta que resulta ser la relación de cada uno con la adicción.

Su punto de vista es el de un padre mirando cómo yo anulaba mi vida, y tratando de todas las maneras posibles de ayudarme. Y mi panorama es el opuesto.

Es este contrapunteo de nuestras voces lo que hace una mezcla interesante que, según creo, nos va a dar una perspectiva nueva sobre la adicción.

Como una familia, nosotros hemos pasado por esto y hemos salido (casi del todo) saludables al otro lado. Cada doloroso momento que tú puedas estar sufriendo ahora, cada dolor punzante que padezcas mientras miras a tu ser querido ser adicto de manera activa, nosotros lo hemos pasado. Nosotros ya hemos experimentado ese nivel de dolor —desde cada uno de los lados— y hemos salido adelante. Nosotros hemos soportado los mismos conflictos, nosotros sabemos cómo se siente.

Yo he manipulado, estafado, y le he mentido a mis padres por muchos años. Yo los he hecho llorar, les he lastimado el corazón, y también he rechazado recibir ayuda.

Yo he destrozado cada relación en mi vida y he dejado a mis padres en los escombros, tratando de reconstruir en mi nombre. El problema era que ellos no tenían todas las piezas, ni tampoco tenían idea de lo que —se suponía— deberían construir.

Yo devasté a mi propia familia y les eché la culpa. Yo estuve en silencio por semanas. Yo los robé. Yo los avergoncé.

Yo simplemente hice todas esas cosas que los adictos hacen.

Pero nosotros encontramos un poco de esperanza, y como familia, caminamos juntos durante los primeros días de recuperación.

Cuando era tiempo de ayudar, mis padres estaban ahí. Cuando me desintoxiqué y les rogué que me llevaran a casa, ahí estaban ellos.

Cuando los necesité fuertes y resilientes, ahí estaban ellos.

Cuando era tiempo para empezar el tratamiento, mis padres me llevaban.

Cuando comencé a moverme hacia adelante con una vida sobria y necesitaba un poco de ayuda para levantarme y continuar, ahí estaban ellos.

Lo que hemos hecho, lo hemos hecho juntos.

Cuando encontré la recuperación, también mis padres la encontraron.

En total, hemos pasado por muchas cosas locas los últimos diez años más o menos.

El camino a la recuperación puede ser inestable, por eso se necesita una mano estable de quien sostenerse. Si no tienes eso, tienes menos posibilidades para lograrlo.

Para mí, esa mano estable era la de mi mamá y mi papá. Y por eso escribimos esto juntos.

¿Por qué escribimos este libro?

El comentario más común que yo oigo de un familiar de un ser querido que es un adicto es:

«No sabemos qué hacer».

Esto es algo muy difícil de escuchar. Imagínate una familia que ha gastado todas sus destrezas, derramando su corazón y alma dedicadas a ti, presenciando la pura devastación que cuelga sobre cada palabra que ellos dicen, mientras hacen esa declaración.

Lo dicen con la esperanza de que no solo te va a rebotar de la mente; con la esperanza de que *tú* tengas algo que les puedas dar para que todo desaparezca.

Es un lugar desalentador donde te encuentras. Padres, esposos, hermanos, y todos aquellos que se encuentran en esta situación, profesando ese dicho doloroso…. Tú eres exactamente la razón por la que escribimos este libro.

La realidad es: los seres queridos de los adictos están perdidos.

Ellos son ingenuos sobre cómo tratar con la epidemia de adicción que está atacando nuestro mundo. Se han sentido avergonzados al pensar que lo que está pasando dentro de sus cuatro paredes no está pasando en ninguna otra parte del mundo, lo cual los deja solos, sin esperanza, deprimidos y enojados.

Estas emociones empiezan a asentarse en la fundación de las familias, resquebrajando e inclinando la fundación en direcciones destructivas. Se apartan de su fe, pierden el amor dentro de su matrimonio, y a veces se les olvida quiénes son ellos.

Una y otra vez, la adicción gana. Las familias están devastadas, los padres se divorcian, y los hijos se pierden en el caos.

Esto no es justo, no es correcto, y no debería ser de esta manera.

Me la paso la mayoría de mi día de trabajo con padres, escuchando sus historias, guiándolos hacia los mejores recursos útiles, trabajando con sus hijos, y aconsejándolos de la mejor manera que lo sé hacer.

He pasado los últimos años trabajando con más de doscientas familias, específicamente alrededor del tema de la adicción.

Aparte de eso, al principio de 2015, Hope is Alive Ministries (Ministerios La Esperanza Vive, la organización que yo comencé) creó un grupo de soporte para los seres queridos de los adictos, llamado Encontrando La Esperanza. Fue en esta clase que yo verdaderamente empecé a abrir mis ojos al dolor por el que las familias estaban pasando y la esperanza que puede encontrarse por medio del poder de una comunidad y la naturaleza restauradora de nuestro Dios.

¿Por qué seguir leyendo?

Permíteme ser claro desde el principio. Este libro no te va a dar una lista paso por paso para que tu hijo deje de fumar metanfetamina o siete maneras para hacer que tu esposo tome menos y sea más agradable.

No existe ese proceso. Como les digo a nuestros grupos de clases de Encontrando La Esperanza, ayudar a la gente cómo encontrar la sobriedad no viene con un botón fácil. Este no es un comercial de Staples.

Me gustaría que sí existiera. Me gustaría poder darte una guía de paso-a-paso, pero no puedo. *No existe algo así, porque cada uno tiene su proceso para salir de la adicción.*

Pero lo que sí puedo hacer es decirte la verdad.

Te puedo contar historias reales de cómo gente encontró soluciones para problemas devastadores. Te puedo dar consejos de gente educada, que trabajan en esta profesión y aconsejan a gente como tú todos los días.

Entonces esto es lo que encontrarás en estas páginas. Por último, queremos que este libro sea una llave para navegar el mapa de tu situación familiar.

No hay familia igual, ni tampoco una situación difícil que sea igual. Pero sí hemos encontrado que, dentro de cada historia de adicción, dolor y situación que altera nuestra vida, hay soluciones similares que pueden ser aplicadas para ayudar a la gente a encontrar esperanza.

Existen programas, comunidades, prácticas en común, y, más importante aun, otras personas que ya han caminado por el mismo camino en el que tú te encuentras.

Nuestra meta es pasarte la esperanza que nosotros hemos encontrado, para que tú puedas sentir esa gran alegría y libertad que viene cuando encuentras lo que has estado buscando.

Oramos para que este libro te enseñe que la recuperación de un adicto y su familia es posible.

Oramos para que este libro te recuerde que tú no estás solo. Oramos para que este libro te ayude a salir de la vergüenza. Oramos para que este libro te hable personalmente a ti y a tu situación específica.

Oramos para que este libro te dé la claridad que mucho necesitas.

Oramos para que este libro te ayude a encontrar la esperanza.

CAPÍTULO 2

TODOS ESTAMOS UN POQUITO LOCOS

No tengo las estadísticas de esto, pero me atrevería a decir que uno de los adjetivos más comunes para describir a la gente que no entendemos es: «locos».

Piénsalo. ¿Cuántas veces has dicho…? «Él está loco».

«Ella está loca». «Ellos están locos». «Su esposo está loco».

«Esa chica está completamente loca». «Se ha vuelto un poco loco».

«Wow, esa familia está loca».

Déjenme aclarar algo desde ahora.

Todos estamos un *poquito locos*. Entonces, la próxima vez que llames a alguien loco, solo recuerda que tú estás ahí junto con ellos.

Ahora bien, yo *admito* que hay diferentes niveles de locura.

Hay la locura de Charles Manson, la locura de Dennis Rodman, y locura de Evel Knievel. Hay la locura de Steve O, la suegra loca del cine, y además hay cualquier tipo de gradaciones de locura en medio de todos estos.

Al enemigo le anhelaría verte avergonzado en un rincón, y tiene una herramienta especial solo para ti y tu familia. Es esta devastadora herramienta la que usa para dejarte atrapado en tu casa, solo, cansado, deprimido y enojado rumiando por cualquier cosa que te haya ocurrido.

Esta es la herramienta que le gusta usar a él para mantenerte a ti y a tu familia sin poder albergar la luz de la esperanza que tú puedes ser. Es lo que quiere interponer entre tú y tus seres queridos. Así planea quebrantar tu matrimonio.

Te apuesto a que piensas que voy a decir que esta herramienta es la *adicción*, pero no lo es.

La herramienta que el enemigo usa para destruir familias es *el orgullo*.

Yo no me refiero al orgullo de la manera tradicional de concebirlo, en el sentido de que tú eres arrogante y engreído. Más bien estoy hablando del tipo de orgullo que te lleva al convencimiento de que estás tratando con un incidente aislado, y que nadie más está pasando por algo similar.

El orgullo que te aconseja que un niño caprichoso, una esposa o esposo adicto a las drogas, o una madre alcohólica son temas que no se deben mencionar en una conversación educada. Yo me refiero al orgullo que nos miente y nos detiene.

Este orgullo nos hace sentir que debemos tener todo bajo control. Este orgullo nos impide abrirnos a la realidad de lo que verdaderamente está pasando en nuestras vidas. Nos aísla del resto del mundo y nos hace pensar que estamos locos.

Pero recuerda que *todos* estamos *un poco locos*.

Mi experiencia me ha demostrado que el mundo tiene

adicción por actuar como si nuestras vidas fueran en todo momento finas y elegantes, y hacemos todo lo posible para que así parezca. Mintiendo, manipulando, y comprando cosas que no necesitamos, y todo para que los demás piensen que en tu familia todo está bien.

¡No hay nada que mirar aquí, pandilleros! ¡Mira la foto sonriente que acabo de subir en Facebook! ¡Nosotros estamos bien!

Seamos realistas. No todo en tu familia está bien. Y eso *está* bien.

De hecho, debería ser refrescante escuchar esto. Deberías sentirte más ligero mientras lo lees. Tu familia es un desastre, y también lo es la mía, y la de todos los demás. Todos somos gentes rotas viviendo en un mundo despedazado. No nos debemos sorprender cuando la adicción, la desesperación, y el dolor golpeen nuestras vidas, debemos estar preparados para *cuando* esas cosas nos sacudan de repente.

Yo trabajo con gente de todos los tipos de procedencias, colores, denominaciones, nivel de ingresos, y el común denominador de todos ellos es: cada familia piensa que todas están bien, mientras que ellos son los locos.

Yo pienso que Dios, en su infinita sabiduría, tiene maneras interesantes de ayudarnos a ampliar nuestro entendimiento sobre el dolor y llevar más allá de los límites la comprensión que tenemos sobre el dolor de los otros. O, de una manera más simple, Dios usa nuestro dolor para ayudarnos a entender el dolor de los otros.

A lo mejor esto hace que algunas cejas teológicas se arqueen, así que déjame explicarte a lo que me refiero.

Durante la mayor parte de la década de mis veinte, yo era un imbécil criticón que pensaba que era mejor que cualquiera, y menospreciaba a ciertas personas. Específicamente: aquellas que eran adictas, deprimidas, o no tenían trabajo. Yo no entendía a este tipo de personas y, para ser honestos, las miraba como débiles. Yo pensaba que la gente con problemas de adicción eran drogadictos y perdedores, me resultaban patéticos y no tenían derecho a estar en el mundo. Y no se diga de la depresión. ¿En serio? ¿Qué tan difícil puede ser feliz?

Durante esa etapa de mi vida, alguien muy cercano a mí estuvo sufriendo de depresión. Me ponía furioso mirarla deprimida, sin querer hacer nada, siempre cansada, y generalmente con falta de cualquier tipo de pasión.

Pero quienes *en verdad* me hacían enojar eran las personas desempleadas. Esto, simplemente, no era aceptable para mí. Yo miraba a hombres adultos quedarse sin trabajo y, desde mi punto de vista, ellos solo se la pasaban sentados esperando a que les llegara el siguiente trabajo sin salir nunca ellos mismos a buscarlo.

Yo pensaba que si esa persona llegara a ser yo, me humillaría y al día siguiente me iría a buscar trabajo en el McDonald's y me dedicaría a voltear hamburguesas por el salario mínimo para apoyar así a mi familia.

¿Qué les pasa a estas gentes, pensaba yo? *¡Todas están locas!*

Yo tenía el cómo juzgar memorizado. Qué diablos, yo era un *experto.*

¿Bien, avancemos rápido la película, hasta cinco años después y adivinen cuáles experiencias, justamente tres, permitió Dios que pasaran en mi vida? ¡Sí, adivinaste bien! Adicción a las drogas, depresión y desempleo.

Yo me convertí en el «débil» drogadicto que sencillamente no podía parar y se veía patético. Caí en innumerables episodios de depresión y empecé a darme cuenta de qué tan increíblemente difícil resulta incluso respirar cuando la verdadera depresión aturde tu alma. Y encima de eso, me despidieron, me encontré llenando papeles de desempleo, y arrellanado en el sillón, abrumado por el estrés y casi paralizado por el miedo a que este estado se repitiera por el resto de mi vida.

¿Ves? Lo que yo pensaba que era una locura, Dios empezó a usarlo para ayudarme a tomar conciencia de que era algo muy verdadero. Lo que yo nunca imaginé que me pasaría a mí, me pasó. Lo que yo pensé que era un problema para «esas» personas, se volvió un problema para mí.

La locura golpeó en mi casa y cambió toda mi perspectiva.

Sé que muchos de ustedes pueden identificarse con esto. Tú tenías una versión idílica sobre tu vida, y en un determinado momento del viaje, esa versión cambió. Lo que pensabas que iba a ser un pintoresco paisaje, ahora se ve como un Picasso. Pero déjame recordarte que una obra «mediocre» de Picasso recientemente se vendió en una subasta por USD 173 millones.

Tu locura no es locura, tiene valor intrínseco. ¿Por qué? Porque hay esplendor incluso en el caos. Hay algo hermoso en el destrozo. Dios hace su mejor trabajo cuando las cosas no se ven perfectas.

Él es perfecto para que nosotros no tengamos que serlo. Él vino por los enfermos, no por los sanos.

Nosotros podemos tener esperanza al saber que nuestras vidas son locas, ahí exactamente es donde Dios nos quiere.

¡Cuando somos débiles, podemos finalmente empezar a ver al que es fuerte!

Esto es fundamental para comprender lo que vendrá en el resto del libro. No hay ninguna persona completamente cuerda entre nosotros, entonces es tiempo de dejar de fingir.

Seguro, siempre existirá gente que nunca va a reconocer su locura, pero no te tienes que dejar afectar por eso, tú puedes reconocer la tuya.

Nosotros somos gente maltrecha. El quebrantamiento es ubicuo. Está en cualquier lugar donde estemos, y nos acompañará a cualquier lugar que vayamos. No nos podemos escapar.

Tu locura no te hace una mala persona, o un compañero fracasado. En cambio, te hace real, honesto, humano. En este mundo defectuoso es donde vive la gente defectuosa. Entonces, acepta la locura que es esta vida.

No puedo enfatizar lo suficiente lo crítico que es esta comprensión para el lugar adonde vamos. Aceptar por completo la situación en la que te encuentras ahora, te va a ayudar a dar la batalla que tienes frente a ti mañana, y más allá.

No dejes que el orgullo te impida reivindicar tu dolor. Es lo más liberador que puedes hacer.

(Después de cada capítulo, mis padres intervendrán, a manera de contrapunto, para ofrecer su perspectiva sobre el capítulo anterior. Esta es su opinión).

Perspectiva de un padre: Wendell Lang

Desde el punto de vista de un padre, todos queremos ver a nuestras familias como funcionales y saludables. Sin embargo, en aras de la transparencia, todos nosotros estamos rodeados de gentes disfuncionales, así como todos nosotros formamos parte de familias disfuncionales.

El orgullo es el ancestro de todos los pecados. El orgullo es egocéntrico. El orgullo puede revelar qué tan miserables o qué tan maravillosos somos. En Isaías 14:13-14, incluso podemos ver que el orgullo es el que convirtió en diablo a Lucifer.

Mientras no seamos capaces de distanciarnos de las decisiones de nuestros hijos, nos mantendremos agobiados por las sutilezas de ese pecado que es el orgullo. Nosotros somos propensos a acreditarnos las decisiones *buenas* de nuestros hijos, pero sentimos vergüenza cuando toman decisiones equivocadas.

En pocas palabras: nuestra responsabilidad como padres es capacitar a nuestros hijos. Sencillamente no podemos tomar decisiones por nuestros hijos a medida que se van convirtiendo en adultos.

Recuerdo haberme preguntado qué pensaría nuestra comunidad sobre mí como su pastor local cuando era evidente que mi hijo estaba tomando malas decisiones y se había convertido en un drogadicto. Quizás tú hayas leído un poema que ha circulado mucho sobre el orgullo, «El orgullo es un gran tramposo»:

> *Mi nombre es Orgullo. Soy un tramposo. Te privo del destino que Dios te dio… porque tú quieres las cosas a tu manera.*

Te privo de la alegría... porque tú mereces algo mejor de lo que tienes.

Te privo del conocimiento porque tú ya lo sabes todo. Te privo de sanidad... porque estás demasiado lleno de Mí como para perdonar.

Te privo de la santidad... porque te rehúsas a admitir cuando te equivocas.

Te privo de tú visión... porque prefieres mirar en un espejo que a través de una ventana.

Te privo de una genuina amistad... Porque nadie conocerá quién eres realmente.

Te privo del amor... porque el verdadero romance

demanda sacrificio.

Te privo de las grandezas del cielo...porque rehúsas lavar los pies de otros en la tierra.

Te privo de la Gloria de Dios... porque te convenzo de buscar la tuya propia.

Mi nombre es Orgullo. Soy un tramposo. Yo te agrado porque piensas que siempre te cuidaré.

No es cierto.

Yo procuro hacerte quedar como un tonto.

Dios tiene mucho para ti, lo admito, pero no te

preocupes... Si permaneces a mi lado, nunca te darás cuenta.

Solo cuando nosotros crucificamos nuestro orgullo personal y la vergüenza de las acciones de nuestros hijos, entonces podemos estar cerca de nuestros hijos y ser parte de la solución.

Cuando desembarcamos del paseo del orgullo, podemos empezar el proceso de sanación que cada padre desea y merece. Debemos amar a nuestros hijos lo suficiente para erradicar nuestros egos por el bien de sanarlos de la adicción.

Me gusta el Viejo himno escrito por Isaac Watts, quien

escribió, «Al Contemplar la Excelsa Cruz» Al contemplar la excelsa cruz

En que el divino rey murió, Cuantos tesoros ve la luz

Con gran desdén contemplo yo.

CAPÍTULO 3

HOUSTON, TENEMOS UN PROBLEMA

La mayoría de la gente ha escuchado la idea según la cual el primer paso para resolver un problema es admitir su existencia. Pero esto es solo una parte de la ecuación, y si no has pasado un tiempo en la sesión de Alcohólicos Anónimos o de Al-Anón, entonces probablemente no has escuchado por completo el primer paso a tomar. Dice así:

«Admitimos que éramos impotentes ante el alcohol, que nuestras vidas se habían vuelto ingobernables».

Es la segunda parte, la parte *ingobernables*, la que pienso que la gran mayoría pasa por alto.

También es la más dura de descifrar para un padre.

¿Qué hace al adicto un «adicto»? ¿En qué punto exactamente se cruza la línea? ¿Cómo es una vida ingobernable? ¿Qué porcentaje de ingresos necesitan estar gastando en su droga preferida antes de que hablemos de un problema?

¿Solo se vuelve problema si la adicción para en cosas

ilegales? ¿Qué hay de fumar marihuana, está bien porque es legal en algunos estados? ¿Hay alguna manera de *estar seguros* sobre en qué momento la vida de uno de nuestros seres queridos se ha vuelto ingobernable?

Todas estas son excelentes preguntas; ojalá encuentres algunas de las respuestas al final de este capítulo.

Pero no hay ninguna respuesta *única* a cualquiera de estas preguntas. Cada persona es diferente; cada drogadicto tiene su propia historia, con sus giros particulares, tramas y lista de personajes. Por eso, pienso que puede ser más fácil si te proporciono una lista de las diez señales necesarias para reconocer si tienes un problema enfrente.

Puede que observes una o más de estas situaciones, lo que no necesariamente significa que tu hijo, esposo, padre o pariente lejano requiera de intervención inmediata. Deberás hacer uso de tu prudencia para manejarlo (aspecto que abordaremos más adelante). Estos son buenos indicios de que, en el fondo, algo está ocurriendo y debemos prestarle atención. Una vez que comenzamos a ver que un problema empieza a salir a la superficie, probablemente signifique que algo sombrío se ha mantenido por algún tiempo en la oscuridad.

Piensa en una planta: mucho antes de que se empiece a ver la fruta, sabes que están sucediendo muchas cosas bajo la tierra: las raíces se están formando y extendiéndose, y más energía hace falta para salir de la tierra, de la oscuridad a la luz.

Entonces, vamos a dar un vistazo a los indicadores más comunes de que algo terrible ha echado raíces en la vida de tu ser querido.

10 señales de que tienes un problema enfrente

1) Deshonestidad

Para los drogadictos, ser honestos es una dura prueba. «Dura prueba» es una forma agradable de decirlo, realmente los drogadictos encuentran el ser honestos prácticamente imposible.

Mi papá suele decir que la deshonestidad es el rasgo número uno de un adicto, y yo estoy de acuerdo con él. Nosotros mentimos sobre absolutamente cualquier cosa. Contamos mentiras de nuestro pasado, contamos mentiras sobre nuestro trabajo, contamos mentiras sobre nuestra salud, contamos mentiras sobre dónde hemos estado, contamos mentiras sobre a dónde vamos a ir, contamos mentiras sobre el clima si pensamos que nos podemos salir con la nuestra (o incluso si no).

No hay límites para nuestra hipocresía. Nosotros contamos mentiras sobre lo que sea, cuando sea y como sea, siempre que nos traiga algún beneficio.

Contar mentiras en general (y mentir sin razón, específicamente) es una enorme señal de que algo no está bien.

Pero tú quizás ya sabes esto, o no estarías leyendo este libro. Los adictos son terribles manipuladores, y nosotros dejamos nuestra deshonestidad correr con desenfreno mientras somos adictos activos.

Es difícil en verdad creer en cualquier cosa que diga un adicto. Por lo tanto, si apenas comienzas este viaje y estás empezando a ver emerger el rostro feo de la deshonestidad, te lo advierto, probablemente solo va a empeorar.

Pero, al menos, ahora ya sabes con qué estás lidiando.

2) Encuentras algo

He escuchado todo tipo de historias sobre este tema. Padres y esposos encontrando botellas en el baño, marihuana bajo la almohada, pastillas camuflajeadas en recipientes nada sospechosos, y claro, mi favorito, esconder polvos en mi tubito de labial Carmex.

Independientemente de qué tan creativo sea tu ser querido, cuando encuentres algo es una clara señal de que hay problemas en el horizonte. Y, además, cuando encuentras algo en su persona, en su carro, en su bolsillo, escondido en un cajón o en cualquier otro lugar, es de ellos. No dejes que te digan lo contrario.

Nosotros somos los más aventajados en este juego. Y siempre es más fácil hacer creer a nuestros padres o seres queridos que alguien más es el problema y nosotros solo estamos en el lugar equivocado en el momento equivocado.

Encontrar drogas, alcohol o cualquier tipo de parafernalia es una señal clara de que tienes un problema.

3) Perdido en acción

Otra señal reveladora de que algo está pasando es cuando tu ser querido se pierde.

Esto parece bastante obvio, pero te sorprenderías de la cantidad de personas que me dicen, «pues, nosotros hace semanas que no lo hemos visto».

«¿¡Lo has llamado!?, pregunto yo. «¿Has pasado por su casa, has pasado por su trabajo?».

«No, solo estábamos tratando de darle espacio».

¡Vamos, gente! Cuando estás en la etapa de descifrar

qué es lo que está ocurriendo en la vida de tu ser querido, no verlos u oír de ellos en semanas es una luz de alarma gigante parpadeando como una advertencia para significar que necesitas hacer algo. Especialmente cuando empiezan a faltar a eventos familiares o rutinas que antes significaban algo para ellos (celebraciones de cumpleaños, mirar los juegos de fútbol los sábados, pescar con el padre, o cualquier otra actividad que parezca extraño el solo hecho de que se la puedan perder).

Ausencia continua= problema.

4) Algo no huele bien

Si entran a la casa y está apestando a marihuana, entonces probablemente tienes un problema.

Si no sabes cómo huele la marihuana, pero ellos huelen chistoso, probablemente es marihuana. Lo mismo ocurre con el humo de cigarro, usado a menudo para enmascarar el olor de las drogas.

Otras drogas pueden tener olores distintos. Cocinar metanfetamina produce un fuerte olor a amoníaco o éter. Estos olores han sido comparados con el olor de la orina de un gato o de huevos podridos.

Si de repente huelen a algo que no sea a ellos mismos, entonces esa puede ser una señal de que no andan haciendo nada bueno.

5) Algo no se mira bien

El olfato es uno de los sentidos que te puede ayudar a saber si hay algo que necesita tu atención. La vista es otro.

Aunque estés mirando el mundo por medio de unos lentes

gruesos de botella, tus ojos son grandes herramientas que debes utilizar cuando estás tratando de entender qué es lo que le está pasando a tu ser querido. ¿Cómo se ven? ¿Qué te dice su apariencia física?

¿Están sus ojos enrojecidos? Esa puede ser una señal del uso de marihuana.

O puedes determinar si hay un potencial uso de drogas con solo mirar sus pupilas. Algunas drogas, como el alcohol y opioides, causan que las pupilas se contraigan.

Otras, como anfetaminas, cocaína, DNC, y mezcalina puede causar que los ojos se dilaten.

Los oficiales de policía saben esto, y algunos lo usan como una manera de verificar si alguien está fuera de sí. Ellos generalmente miran las pupilas dilatadas, ya sea menos de 3mm o más de 6,5 mm.

Otras señales visuales:

- Dientes apretados
- Cabecea hacia adelante y atrás repetidamente
- Frecuente uso del baño
- Poco sueño
- Siempre usa mangas largas (para esconder las marcas de las agujas)
- Pérdida o aumento de peso inexplicable

6) Cambios en las influencias

Mirando retrospectivamente, creo que uno de los más tempranos y principales indicadores puede haber sido el cambio de amistades.

Hacia el final de mi etapa en la escuela secundaria, yo

prácticamente intercambié grupo de amigos en cuestión de meses. Me fui de una tripulacion de fiesta normal a una tripulación de fiesta excesiva. Y aparte de eso, prácticamente me mudé con este nuevo grupo. Me pasaba casi cada segundo de mi vida con ellos, lo que significaba que yo andaba drogado casi siempre.

Estos cambios en influencias fueron una parte crítica de mi camino hacia la adicción a las drogas.

Si estás observando cambios similares en tu ser querido, a lo mejor es tiempo de despertar y aceptar lo que verdaderamente está pasando.

7) Aislamiento

Así como cambiar de amistades fue una gran señal de que yo estaba cambiando por dentro, también lo era mi tendencia al aislamiento. Esto no significa que las personas introvertidas sean potenciales adictos o adictos que están en el clóset; ciertas personas solo necesitan estar solas con frecuencia, pero cuando mi adición realmente empezó a asentarse, me convertí en una persona recluida y aislada.

De verdad, no quería a nadie más en mi casa y no quería tampoco estar alrededor de otra gente. Me la pasaba inventando excusas para irme de eventos temprano, y todavía mejor, nunca asistía. Si llegaba al trabajo, cerraba la puerta de mi oficina, y nada más la abría para ciertas personas.

A medida que me fui poniendo peor, más aislado me volví.

8) ¡Dinero, Dinero, Dinero, Dinero… Dinero!

Sí, esta es una de las más grandes.

A medida que comienza el uso de drogas o se instala la adicción, los requerimientos de dinero suben vertiginosamente. Y recuerda la señal #1: los adictos mienten, mienten, y te mienten a la cara, y especialmente cuando necesitan dinero.

La solicitud de procura de fondos puede venir en una variedad de formas deshonestas; los adictos están dispuestos a negociar con su salud, con sus hijos, y con la salud de sus hijos —yo he cumplido con todas las anteriores. Puedo mencionar cientos de diferentes argumentos, pero creo que tú ya entendiste: cuando las pedidas de dinero empiezan a incrementar al mismo tiempo que otros comportamientos, entonces probablemente algo no está bien.

9) Robando

Si no podemos conseguirlo pidiendo, sencillamente lo robamos.

Nosotros nos robamos casi todo. Se convierte en una forma enferma y retorcida que nos dice: *Si nos va a traer valor monetario, entonces tengo el derecho de tomarlo.*

En medio de mi adicción, yo me empecé a robar todo. Dinero de carteras, los palos de golf de mi papá, los aretes de mi mamá, frascos de pastillas de mi hermana, telares de mi abuelita, carteras de mis novias, las impresoras de mi empleador, comida de la estación de gasolina, televisión de Walmart... Si no estaba atornillado y me dejaban solo con algo, probablemente se vendría conmigo para venderlo o empeñarlo para conseguir mi dosis.

Si tus cosas desaparecen de repente, tu ser querido puede que esté en problemas.

10) Cambios emocionales

Las drogas y el alcohol tienen una capacidad única para ahogar nuestras emociones, convirtiendo a los adictos en fríos e insensibles manipuladores, monstruos egoístas. Y entonces, en los raros casos cuando el efecto de las drogas se desvanece, nos volvemos exagerados, dramáticos, llorones, arrepentidos, y casi amables.

Si nos llegan a ver en un estado de sobriedad, asegúrense de disfrutarlo, pero *ni por un minuto piensen que estamos* mejor. De hecho, es este tipo de desbalanceo al que debes estar atento en relación con tu ser querido.

Si tu ser querido está apagado parte de la semana, y luego llorando como un *baby* el fin de semana, entonces tienes un problema en tus manos. Especialmente, si uno de esos factores siempre está en juego.

Aunque esta lista no es exhaustiva, sí cubre lo más común, las señales más grandes y notorias de las cuales necesitas estar consciente. Pero si tomar conciencia de esas señales ya es algo, estar dispuesto a hacer algo al respecto es completamente distinto.

¿Por qué?

Voy a hablarles principalmente a las madres y los padres en esta parte: como padres, todos queremos creer lo mejor de nuestros hijos. Cuando nos dicen algo, deseamos creer que es verdad, y a veces haremos todo lo posible, lo que incluye hacer contorsiones radicales de nuestros pensamientos, en función de creer lo que ellos nos dicen.

Aunque no tengamos la práctica necesaria, podemos ejecutar niveles mentales olímpicos para convencernos a nosotros mismos de que nuestros hijos están bien, son confiables, y honestos.

Esto me recuerda cuando estaba en la escuela secundaria y mi papá encontró una bolsa de marihuana en mi jeep. Me sentó en la sala y me confrontó con la vieja pregunta que se ha formulado en anuncios de servicio público antidrogas y que ha tanta gente como a mí le han preguntado: ¿Esto es tuyo?

Alto ahí. Mira, si bien esto parece que está bien para un padre, en realidad es una manera completamente equivocada de empezar. Yo lo estaba haciendo terrible en la escuela, pero era un verdadero profesional en lo que respecta a mentir y manipular.

Con esa sola pregunta, me allanó el camino para que le contara una mentira. ¡Le estoy echando toda la culpa a él! ¡Ja! Es su culpa, ¿verdad? Me gustaría que fuera así de fácil, pero nosotros sabemos que no lo es.

De todas maneras, mi papá no abrió la puerta de la deshonestidad a propósito, pero lo hizo, y yo entré más rápido que Aragorn cuando penetró al abismo de Helm, en *El señor de los anillos*.

Entonces, aquí está un consejo rápido: Si encuentras algo en el carro de tu ser querido, su cuarto, armario, chaqueta, los bolsillos de sus jeans, bajo el colchón o en su computadora, solo métete esto en la cabeza: es suya. No dejes que te digan otra cosa.

Siempre es de ellos.

¡Por supuesto que esa bolsa de marihuana era mía! Una manera mucho mejor para que mi padre hubiese comenzado la conversación era: «Lance, sabemos que esto es tuyo, ¿qué vamos a hacer al respecto?».

De todas formas, volvamos a la historia. Ahí estábamos en la sala, y mi papá hizo la pregunta.

«¡No!», mentí yo. «Yo ni sé lo que es eso». Escudriñé exageradamente. «¿Qué es eso?».

Mi padre me dijo que pensaba que era marihuana, y al principio me hice el tonto, pero rápido inventé en ese momento una historia de cómo, con toda seguridad, a alguien le caía mal y por eso pusieron marihuana en el piso de mi jeep para tratar de perjudicarme.

Bueno, mi papá no solo me creyó —porque los padres tienden a *querer* creer que sus hijos no están consumiendo drogas, al contrario, piensan que sus hijos están siendo engañados por otros niños—, sino que quería verificar si era en verdad una bolsa de marihuana para asegurarse de deshacerse de ella apropiadamente.

Entonces, no tuvo mejor idea que llamar a la policía.

Y muy pronto, un miembro de la Orden Fraternal de Policía de Pryor, Oklahoma, estaba en la sala de mi casa, sentado al otro lado de mi papá y yo, perforando un agujero en mí cabeza, *consciente* de que era mía. Pero él no podía hacer nada al respecto porque yo no lo admitía, y mi papá había creído totalmente mi historia.

¡Yo estaba sudando la gota gorda! Pero no tanto como para no poder mantener la mentira y convencer a mi papá (y por lo tanto, al policía) de que era inocente. Resultó aterrador, pero finalmente el policía se fue (¡aunque no sin antes llevarse mi marihuana!) y mi padre y yo nos quedamos en silencio. Mi corazón estaba acelerado, pero la conversación se acabó pronto, y yo dejé salir una enorme exhalación porque había salido de ese problema.

Y después en la noche salí y fumé marihuana. Houston: Tenemos un problema.

Nosotros queremos creer lo mejor de nuestros hijos. ¡Esto es lo que nos haces ser excelentes padres! Pero también necesitamos aprender a admitirlo. Muchas veces, el problema está enfrente de nosotros.

Sencillamente, no queremos verlo.

(*A lo largo del libro, he insertado entrevistas que he hecho* con hombres que conozco, que viven en HIA's Mentoring Homes y otros *adictos en recuperación. Las entrevistas están* dirigidas específicamente al tema del capítulo anterior, aquí está el primer conjunto de entrevistas).

Entrevista con otros adictos: El Atleta Anónimo

¿Te gustaría que el mundo supiera tu nombre?

No.

¿Quién eras antes de convertirte en adicto?

Yo era un excelente estudiante. Una persona muy alegre, extrovertida, que siempre quería estar rodeada de gente, y la gente quería estar a mi alrededor. Me encantaba divertirme y nunca podía estar quieto. Era un atleta destacado con grandes sueños. Tenía una ética de trabajo insuperable, y era tan confiable como cualquier otro adolescente por ahí, tal vez incluso más. Me cuidaba físicamente y estaba orgulloso de quien era.

¿Cuándo empezaste a consumir?

Yo consumí todo tipo de cosas recreativamente a lo largo de mi adolescencia, empezando con la marihuana y el alcohol, a la edad de 12 o 13 años, y eso progresó a «Drogas de fiesta», cosas más pesadas con efecto inmediato y consecuencias, mientras estaba en la escuela secundaria.

¿Cuándo te distes cuenta de que tenías un problema?

Creo que empecé a darme cuenta de que tenía un problema cuando tenía unos 24 años. Para entonces, ya había comenzado mi carrera, me casé y compré una casa en compañía de mi esposa.

Mi carrera implica naturalmente mucho estrés, y a mi corta edad, no tenía idea de cómo manejarlo, pero sabía que podía hacer que el estrés cesara momentáneamente mientras estuviera usando drogas.

Empecé a consumir tan a menudo como pudiera caer algo en mis manos. Creo que, ya en este punto, sabía que había un problema, pero también «sabía» o creía saber que podía controlarlo yo mismo con un poco de disciplina.

¡Yo estaba mal!

¿Cuáles fueron algunas cosas sobre las cuales hayas contado mentiras?

Principalmente le mentí a mis padres sobre dónde estaba, y cuándo estuve allí.

Mi padre tenía muchas conexiones en nuestra pequeña ciudad, así que a menudo me descubrían las mentiras. El mayor problema era que mi padre también es un alcohólico/ adicto, y yo sabía cómo manipularlo para evitar el castigo.

El tomó algunas decisiones muy malas durante mi infancia que nos afectaron negativamente a mí y a mi familia, y siendo como era, manipulador, «el futuro adicto» que era yo, pude utilizar eso a mi favor.

Yo sabía que él se sentía mal por las cosas que había hecho, y por eso tenía plena conciencia de que podía salirme con la mía porque el sentía que tenía que compensar mi difícil infancia siendo blandito conmigo.

¿Qué hiciste específicamente para esconder tu consumo de drogas de tus padres o esposa?

Yo hice todo lo posible para que mi esposa no supiera nada de mi adicción. Durante dos o tres años casi por completo, ella no tuvo conciencia de mi adicción, porque nunca había estado rodeada por nada que estuviera vinculado al uso de drogas desde ningún punto de vista.

Cuando empezó a darse cuenta, yo trabajaba hasta muy tarde, largas horas para poder consumir en el trabajo… Para cuando llegaba a casa del trabajo, ella ya estaba en la cama y yo no me tenía que preocupar por cubrir ninguna pista.

Cuando yo estaba en casa, esperaba que ella se fuera a la cama, (entonces) consumía mientras ella dormía; y durante el día consumía lo suficiente para aguantar unas horas hasta que se acostara.

También usé mis rabietas y berrinches para sacarla de la casa, o que me dijera que me fuera yo, para poder consumir.

Literalmente estaba destruyendo mi matrimonio y el dulce espíritu de mi esposa, para alimentar mi adicción. Y, por último, si todo lo demás fracasaba, mentía, mentía, mentía, mentía, y volvía a mentir. No hay ninguna mentira, grande o pequeña, que no dijera. No me importaba qué tan doloroso o destructivo terminara siendo.

Yo tenía que conseguir mi dosis.

¿Cuándo se dieron cuenta tus seres queridos de que tenías un problema serio?

No creo que mis padres verdaderamente se hayan dado cuenta de la seriedad de las cosas. Inclusive, no sé si se han dado cuenta hasta el día de hoy, y yo he pasado por múltiples períodos en tratamiento y viviendo en un ambiente de recuperación con varios otros hombres. Mis padres fueron absolutamente mis más grandes habilitadores. Me ayudaron [durante] ocho a diez años de adicción destructiva. A veces con nostalgia, otras veces no.

Mi papá se convirtió en mi principal traficante de drogas hasta mi primer día de sobriedad.

Hace poco tuve que tomar una decisión increíblemente difícil, que fue cortar el contacto con mis padres. Los amo mucho, y no es algo fácil de hacer, pero sé que he tomado la decisión correcta. Mi plegaria es que algún día reconozcan la habilitación y la codependencia que existe en sus vidas, y que puedan superarlo. En ese momento podremos comenzar a reconstruir nuestra relación. Hasta entonces, esa relación seguirá siendo la amenaza más peligrosa para mi sobriedad, y tengo que tratarla como tal.

(*Un par de veces en el libro, he insertado entrevistas que* le he hecho a profesionales con los que trabajo y cuya obra recomiendo. Las entrevistas están dirigidas específicamente *al tema anterior del capítulo. Aquí está la primera entrevista profesional.*)

Entrevista con la Consejera: Sheila Ridley, M.ED., LCSW

[Nota: Sheila Ridley es una trabajadora clínica social con licencia para la comunidad de recuperación de Rancho Segunda Historia, y está certificada por el Departamento de Salud Mental y Abuso de Sustancias de Oklahoma para Coocurre Residencial (Abuso de Sustancias y Salud Mental) y Proveedor de Cuidado Extendido. Para obtener más información sobre ellos, visite SecondStoryRanch.com o llame al 405-679-0023. La Sra. Ridley aceptó amablemente proporcionar algún contexto informado de consejo a este capítulo.]

¿De acuerdo a tu experiencia, cuáles son las señales tempranas de que alguien está batallando con la adicción?

La señal más obvia de la adicción es un cambio de comportamiento, o lo que podría parecer como un cambio de personalidad. Estas señales pueden incluir mentiras, robo, falta de motivación, secreto, nuevos amigos, un aumento inexplicable de necesidad de dinero, y cambios de humor, incluyendo irritabilidad y paranoia.

A menudo, además del cambio de comportamiento, un cambio físico es observable también, incluyendo disminución de la higiene, acné, ojos sangrados, disminución del apetito o frecuentemente, como resultado, una pérdida de peso notable y pupilas dilatadas.

¿Cuáles son los problemas comunes que ves en los padres de esos adictos que entran a tu instalación?

A menudo, los padres buscan un diagnóstico que pueda ser identificado y tratado como una píldora.

«Solo dime qué le pasa para que él/ella pueda mejorar». La adicción puede ser una píldora difícil de tragar [perdón por el juego de palabras] para muchos padres, ya que sienten una responsabilidad por la adicción de sus hijos. Un diagnóstico de salud mental se considera más a menudo como culpa de nadie e incluye una receta para «mejorar, incluyendo una prescripción»... en dos platos, una «solución fácil».

Veo con demasiada frecuencia que padres y cónyuges quieren recuperarse más que el adicto, y trabajan en ello más duro que el adicto. El exceso de responsabilidad de los seres queridos es un desafío común.

Si el adicto no está sinceramente interesado en su propia recuperación, es probable que no haya una recuperación sostenible. Si estás trabajando más duro que el adicto, PARA.

Los seres queridos también parecen tener dificultades para confiar en el proceso. Hace poco tuve un padre que era dentista e intentó decirme lo que su hijo necesitaba. Llegamos a un acuerdo de que yo no vendría a su oficina a ayudarlo con la dentadura de sus pacientes y él no vendría a decirme cómo tratar a su hijo por la adicción. Con la voz más amable que pude reunir, le dije que si el supiera ayudar a su hijo, no me necesitaría a mí ni al Rancho Segunda Historia porque ya lo habría hecho él mismo.

¿Cuáles son algunos rasgos comunes de los adictos?

Los adictos son algunos de los miembros más brillantes y encantadores de la raza humana. Suelen ser inteligentes como un látigo, magnéticos, entretenidos… y llenos de basura. Mienten a todos y hasta a sí mismos tan a menudo, que [eventualmente] creen en las mentiras que están diciendo.

Por otro lado, por lo general tienen una autoestima muy baja, a menudo hasta el punto del autoodio. Pueden ser personas fracasadas que encuentran significado en muy poco. La espiritualidad es inexistente, y muchos creen que no hay Dios, por lo que a menudo asumen creencias radicales que son muy diferentes de las creencias que se les han enseñado.

Una de las familias con las que trabajé, de fuerte fe cristiana, estaba desconcertada de que su hijo afirmara ser ateo y estuviese en contra de la democracia. No podían entender su proceso de pensamiento, así que me preguntaban a mí y a ellos mismos: «¿Dónde nos equivocamos?».

¿Cómo puede un padre empezar a enfrentar problemas como la deshonestidad, el robo, y la ira?

Una palabra: *Limites*.

No empieces a tolerar comportamientos que nunca has tolerado antes y sabes que nunca debes tolerar. No inventes excusas para el adicto o para ti mismo. *Siempre*, incluso cuando quieras retorcerle el cuello, habla con el adicto con amor y respeto. Sé consciente de la elección de tus palabras y tono de voz.

Piensa en hablar con el adicto de una manera que lo acerque a ti, no que lo aleje. Desarrolla acuerdos (nota que dije *acuerdos*, no *reglas*) y establece las consecuencias que traerá no adherirse a los acuerdos. ¡Aplica las consecuencias *cada vez*! No establezcas las consecuencias si no estás listo para aplicarlas. No hay nada peor que un padre o cónyuge que parece un trapo de lavar platos por no mantener su parte del acuerdo.

Si no puedes mantener tu parte del acuerdo, ciertamente no puedes esperar que el adicto mantenga la suya.

Si un padre te llama ahora y te dice que su hijo o hija está abusando de las drogas, ¿qué le dirías que hiciera?

Sal de dudas: obtén una prueba de drogas. Comunícate con un terapeuta especializado en adicción que puede ayudarte a navegar por la conversación con el adicto sobre los resultados. Si le pides al presunto adicto que se haga una prueba de drogas y se resiste, ponte el casco, ya que el camino por delante podría ser desconocido.

Ve a Al-Anon o a un grupo de apoyo. Como madre, Al-Anon me mantuvo lejos de tener que usar un overol color naranja… ¡No es un buen color para mí!

No existe demasiado apoyo. No pongas excusas como la falta de tiempo o el que no te gusta el Al-Anon. Mientras más rápido te enfrentes a la situación de manera frontal, más rápido podrás quitarte el casco.

¿Qué es lo mejor que puede hacer un padre para ayudar a su hijo adicto?

Orar por él o ella y por ti mismo. Una de las cosas por las

que oro (como madre de un adicto de 26 años que ha estado dentro y fuera de la recuperación desde los 14 años) es pedir palabras y sabiduría para que mi hijo me escuche.

En resumen, ora y salte del camino. Recuerda siempre, Dios ama al adicto más que tú.

Sé consistente en el amor y el cuidado de tu hijo… ámalos demasiado para participar en los comportamientos de la adicción.

Establece límites. El adicto debe tener un facilitador para mantenerse activo en la adicción… no seas esa persona.

Ve a Al-Anon. Busca ayuda, ayuda y más ayuda… y apoyo. No estás loco, aunque te sientas así. Necesitarás palabras fuera de ti mismo, de tu cónyuge, familia y el adicto para escuchar y conocer la verdad.

La adicción destruye la realidad. ¡La adicción realmente distorsiona la realidad!

Perspectiva de un padre: Wendell Lang

Las comunidades médicas y de recuperación pueden tener muchos síntomas y subproductos de las adicciones, pero para las familias y los padres, no hay mayor evidencia de adicción que mentir.

«Mentiroso, mentiroso, te arderán los pantalones» debería ser el lema oficial del adicto. Los adictos mienten con su cara muy fresca. Ellos mentirán acerca de los problemas más absurdos y disparatados. Mienten incluso cuando sería más fácil decir la verdad.

Romanos 7:18 dice «Sé que nada bueno vive en mí, es decir, en mi naturaleza pecaminosa. Porque tengo el deseo de hacer lo que es bueno, pero no puedo llevarlo a cabo». Cuando mentimos, jugamos a ser Dios. Negamos nuestra humanidad y tratamos de controlarlo todo por razones egoístas. El adicto a menudo está en un estado de negación, y eso no es un río en Egipto. Dios dice en Jeremías 17:9, «El corazón es engañoso por encima de todas las cosas y más allá de la cura».

Como la mayoría de los adictos, Lance era un mentiroso profesional. Como padre, a menudo me he preguntado si sabía que estaba mintiéndome y lo ignoré, o si simplemente quería creer lo mejor de mi hijo. Los niños adictivos llevan a sus padres y familias a modelos de comportamiento adictivos y habilitadores. ¡Podemos convertirnos en mentirosos y negadores en nuestras propias vidas, hasta el punto de que nos mentimos a nosotros mismos!

Con demasiada frecuencia, los padres barren el piso de la adicción de un niño y esconden todo debajo de la alfombra.

Mi experiencia fue que, como padres, simplemente no sabíamos qué hacer, así que nos sumergimos en el río de la negación.

Hoy en día hay muchos programas de recuperación que resultarán útiles cuando tu familia caiga presa de la adicción.

Nunca llegarás muy lejos en la recuperación, quizás ni siquiera al refrigerio, hasta que admitas que estás indefenso. La impotencia abraza la verdad.

Aquí hay algunas confesiones para ayudarte a hacer precisamente eso:

No puedo cambiar mi pasado. Pero Dios quiere que olvide esas cosas que quedan atrás y que siga hacia la meta que él tiene para mí. Él es un Dios que dice: «¡Mira, estoy haciendo algo nuevo!» (Isaías 43:19).

No puedo controlar a otras personas. Tenemos una tendencia de querer arreglar a los demás. Recuerda… «Todo lo puedo en Cristo que me fortalece». (Filipenses 4:13).

No puedo enfrentar mi dolor… solo. Nos necesitamos el uno al otro. Ve a una reunión de grupo. Ve a ver a un consejero. Encuentra una reunión de AA, NA, o celebra una reunión de recuperación. «Y si alguno prevaleciera contra el que está solo, dos resistirán; y un cordón de tres dobleces no se rompe con facilidad». (Eclesiastés 4:12)

Todos hemos escuchado la cita errónea, «Dios ayuda a los que se ayudan a sí mismos». Eso no está en la Biblia. En realidad, lo contrario es cierto: Dios solo ayuda a aquellos que admiten que están indefensos.

CAPÍTULO 4

ADMÍTELO, ES MAS FÁCIL

En el último capítulo, hablamos de todos los diferentes signos e indicadores de que algo podría estar pasando en tu familia. Pero hay un gran cambio que lleva a ver un problema, al nivel de *admitir* el problema. Y hombre, *no nos* gusta admitir problemas, incluso cuando los vemos.

Como dice el dicho: estás tan enfermo como tus secretos. Esto es especialmente duro para los padres. De hecho, yo diría que el mayor problema que veo en los padres es cuando se niegan a admitir que hay un problema dentro de su familia,

¡A pesar de que esa falta de admisión prohíbe directamente a su ser querido adicto admitir que sí necesitan ayuda!

Algunos padres hacen todo lo que pueden para asegurarse de que nadie piense que su familia tiene problemas. Bueno, ya establecimos que todo el mundo tiene problemas, así que ya no puedes usar más esa excusa. Hemos empezado a reconocer cómo son los problemas, así que ahora es el momento de reconocerlos y empezar a admitirlos.

Sin embargo, antes de que podamos hacer eso, podría ser útil entender por qué no queremos admitir nuestros problemas en primer lugar.

Creo que es porque nos incomoda abrirnos y, con ello, volvernos vulnerables.

Si admitimos un problema, entonces, podemos pensar que es potencialmente una debilidad para que alguien se aproveche, o es un signo de nuestro carácter, o es algo predeterminado para que otros nos desprecien. Es la misma razón por la que creamos estas personalidades de las redes sociales, donde publicamos solo fotos de nosotros en nuestro mejor momento, pareciendo que acabamos de tener la mejor vida de cualquier persona en Facebook. Admitir un problema significa exponer esa fachada como la mentira que es. ¿Y quién quiere derribar algo que han pasado tanto tiempo construyendo tan cuidadosamente?

También creo que hay un cierto problema generacional en juego aquí, y estoy hablando principalmente con los padres cuando digo esto. La mayoría de los padres que son parte de los *baby boomers* o los primeros de la generación X crecieron viendo lo que hicieron sus padres. Y esos padres estaban acostumbrados a guardarse todo. Cuando las cosas salieron mal, no le dijeron a la iglesia, no le dijeron a la comunidad, y ciertamente no trataron de encontrar un consejero para hablar sobre los problemas que estaban enfrentando.

No. En cambio, los padres de hace un par de generaciones simplemente preferían ignorar a su hermano alcohólico o a la hermana que dormía por ahí. Esas cosas no eran algo que se hablara en «compañía de gente educada». Y además de eso, la iglesia era vista como un lugar inseguro para ir en tiempos de crisis personales.

Así, que se lo guardaron todo para sí mismos.

Los padres de nuestra actual generación crecieron viendo esto, y cuando se convirtieron en padres, imitaban lo que habían visto cuando eran niños. Si algo tan grande como la adicción se sentó en el sofá de su sala, se mantuvieron en silencio al respecto, asustados de la posible vergüenza o de actitudes críticas de sus vecinos o de esa persona entrometida de la iglesia.

No te lo tomes a mal, pero *¿a quién le importa?*

¡Si la gente quiere juzgar a tu familia por tener seres humanos en ella, entonces esas gentes que han emitido su juicio indigno no deben ser tomados en cuenta por ti!

¡Si no van a estar de tu lado con comprensión y compasión, entonces no vale la pena impresionarlos con una sonrisa falsa enyesada en tu cara!

¿Elegir contarle a alguien acerca de los problemas con los que estás trabajando? Ese es el verdadero problema, y es el primer paso que tendrás que dar para encontrar la esperanza.

Por supuesto, admitir el problema es solo la primera misión que lograr; después de admitir nuestros problemas, tenemos que pedir ayuda. ¡Pero incluso esto puede resultar difícil!

¿Por qué?

Creo que eso tiene mucho que ver con el mito de la autosuficiencia que nuestra cultura aprecia tanto. Admitimos que sí tenemos un problema, pero asumimos que es nuestro problema resolverlo, de nadie más.

Este es el tipo de pensamiento que llevó a mi padre a

sugerirme que fuera a AA y luego dejarlo hasta ahí (¿Recuerdas la historia al principio de este libro?). Él estaba consciente del problema, incluso hasta el punto de admitirlo, pero luego no buscó ninguna ayuda externa. ¡Él solo hizo lo que pensó que era lo mejor, lo que es admirable por su parte!

Está bien admitir que no eres un experto en adicción y recuperación. Está bien buscar ayuda. Confía en mí: tendrás suficiente trabajo por delante para gastar cualquier energía extra tratando de sostener alguna narrativa falsa sobre la salud de tu familia. Solo admítelo ya.

¿Qué va a pasar?

Esa es la gran preocupación, la gran incógnita: no sabes lo que sucederá cuando *admitas* que tu familia está en problemas.

Y cuando no sabemos algo, podemos tenerle miedo. Así que tienes miedo de admitirlo, ¡estás en gran compañía!

Pero lo loco es —y he visto esto una y otra vez—, una vez que admitas tu problema, se vuelve más fácil convivir con él. Es mucho más arduo mantener el secreto de tu familia en secreto. Pero los beneficios de admitir las luchas de tu familia superan con creces las molestias de ocultar bajo tierra la situación.

Para empezar, cuando admites tu problema, de repente encontrarás gente que se arrastra fuera de la carpintería para decir, «¡Yo también!». Es una locura darte cuenta de la cantidad de compañeros de trabajo, vecinos, amigos, y compañeros feligreses han pasado por exactamente lo mismo.

Confía en mí: no estás solo en esto.

Admitir tu problema también proporciona una gran

oportunidad para aprender de aquellos que han pasado por él.

¿Por qué golpear tu cabeza contra la pared cuando alguien puede venir a mostrarte dónde está el martillo?

También encontrarás los brazos dispuestos de una comunidad de personas, una red de hombros sobre los que puedes llorar, manos para sostenerte, y rodillas para golpear duro en oración. No tienes que soportar tu temporada de desgarramiento solo; admitir tu problema te ayudará a encontrar un lugar al cual pertenecer en medio de tu confusión.

Cuanto más dejas entrar a la gente en tu mundo, más ayuda, más oraciones y más responsabilidad tendrás.

¿Y quién no podría usar más de eso?

Perspectiva de un padre: Wendell Lang

El juego de la vergüenza es similar al paseo del orgullo, pero puede manifestarse de muchas maneras.

¿Alguna vez te has quedado despierto hasta tarde cuando sabes que necesitas dormir? ¿Alguna vez tomas más calorías en un día de lo que tu cuerpo necesita? ¿Alguna vez sientes que debes hacer ejercicio, pero simplemente no lo haces? ¿Alguna vez ves algunas imágenes sexualmente explícitas en tu computadora que sabes que son inmorales, pero las ves de todos modos? ¿Alguna vez tomas medicamentos recetados o ilegales que tú sabes que no debes tomar, pero los tomas de todos modos? ¿Sabes que debes de ser desinteresado, pero actúas de manera egoísta de todos modos? ¿Alguna vez has tratado de controlar a alguien o algo y los has encontrado incontrolables?

Antes de que podamos llegar a las garras y lidiar con las

propensiones adictivas de nuestros hijos, necesitamos hacer un inventario espiritual personal. Una vez que hemos mirado hacia adentro podemos lidiar mejor con los tabúes sociales y culturales de ayudar a nuestros hijos adictos. En efecto, ser limpio con lo mugroso, y los pequeños secretos familiares es un gran paso hacia la curación.

Admito que he tenido problemas con tener un hijo adicto mientras creía que «practicaba lo que predicaba».

Enseñar bien a nuestros hijos es el primer trabajo. Pero las predisposiciones, temperamentos innatos, y las maldiciones familiares también son un factor en las malas decisiones de nuestros hijos. Tuve que darme cuenta de que solo a través de la transparencia y la apertura nuestra familia alguna vez tendría esperanza de curarse.

Cuando somos dueños de nuestras deficiencias como padres, y le confiamos a Dios nuestros hijos, entonces somos capaces de poner las opciones de nuestros hijos directamente sobre sus espaldas. Entonces y solo entonces podemos admitir que tenemos algunos problemas familiares.

Por supuesto, todos haríamos algunas cosas de manera diferente como padres, pero la adicción es una enfermedad, y ocultar la enfermedad no sirve para nada. Sería primordial sentirse avergonzado de que nuestra descendencia tenga cáncer.

Existe una tendencia a negar nuestros problemas de dolor, complejos, y hábitos. La Biblia nos ayuda a admitir nuestro dolor. «Eres bendecido cuando estás entristecido porque parece que has perdido el control. Solo entonces puedes ser abrazado por uno más querido para ti». (Mateo 5:4) Dios tiene un antídoto para la negación —se llama dolor. Estoy de acuerdo con Rick Warren, quien escribió, «Rara vez cambiamos cuando vemos la luz, cambiamos cuando sentimos el calor. No cambiamos hasta que nuestro miedo al cambio es superado por el dolor».

Tenemos propensión a decir, «Tengo esto bajo control», a veces Dios envía a otras personas a nuestras vidas para ayudarnos a ver esos puntos ciegos. ¡Esto se llama *intervención*! Estas son experiencias difíciles, dolorosas, pero debemos estar dispuestos a herir los sentimientos de alguien para ayudarlo.

Incluso Dios ha tratado con algunos de sus hijos a través de intervenciones, ¡como Isaías, quien dijo «Ay de mí!… soy un hombre de labios impuros», o Pablo: «Oh, miserable de mí, quién me librará de este cuerpo de muerte», o Pedro: «Aléjate de mí, Señor, porque soy un pecador». Estos son los hombres que se enfrentaron cara a cara con sus faltas y las admitieron después de que Dios brilló sobre ellos.

Recuerda: el primer paso para la curación es admitir que tú tienes un problema.

CAPÍTULO 5

NO ES TU CULPA

Me gustaría tomar un momento para hablar de una escena famosa en la película *El Indomable Will Hunting* (no, no donde Matt Damon golpea el número de teléfono en la ventana de la barra y pregunta, «¿Como te gustan estas manzanas?»). Es una escena que tiene lugar hacia el final de la película (alerta de *spoiler*), después de que el carácter genial y problemático de Will (interpretado por Matt Damon) ha pasado una buena parte del tiempo de la película sometiéndose a regañadientes a sesiones de terapia con Sean (interpretado por Robin Williams, quien ganó un Premio de la Academia por su actuación en ese papel).

A lo largo de la película, Will se resiente por el tiempo que tiene que pasar con Sean, pero como suele suceder en este tipo de historias, con el tiempo los dos van formando una especie de vínculo y cada uno de ellos comienza a ver un avance en sus propias historias.

La escena en cuestión contiene una revelación fascinante:

tanto Will como Sean fueron víctimas de abuso infantil. A medida que las emociones pasan por encima de los ojos de Will, Sean lo mira profundamente y le dice, «No es tu culpa».

Y luego lo dice de nuevo. «No es tu culpa».

Una y otra vez, Sean le dice a Will la verdad. Martillando a través de la repetición, cada golpe da contra las defensas de Will y las mentiras contraproducentes que él se ha estado diciendo a sí mismo.

Finalmente, Sean le ha dicho tanto a Will que empieza a creerlo, y así se convierte en un hombre honesto y vulnerable, con lágrimas de dolor y aliviado temporalmente de la pena que había mantenido encerrada durante tantos años.

«No es tu culpa» es una frase liberadora hasta la alucinación, pero puede ser muy difícil de creer.

Sin embargo, eso no la hace menos cierta para ti hoy. Podrías tener un ser querido que es un adicto.

Pero tú no eres el que los hizo así.

Qué sucedió

Hay tantas razones por las que las personas se vuelven adictas a una sustancia que altera la mente, como las drogas o el alcohol, como personas hay en el mundo. Nadie tiene exactamente la misma historia, es por eso que me siento cómodo diciendo que no hay una persona en el mundo que sea inmune a la enfermedad de la adicción.

Sí, algunas personas son más propensas a ello (se ha demostrado que el alcoholismo es hereditario), pero todos, dadas las circunstancias «adecuadas», podrían terminar girando hacia un territorio adictivo. La adicción es como un virus o como El Borg en el viejo programa de televisión, *Star Trek: La Próxima Generación*

La adicción no se preocupa por la historia familiar o la educación de nadie; no le importa el estatus económico de nadie o el maquillaje genético; no se preocupa por la raza de nadie, el credo, o el color. La adicción no es discriminatoria y perseguirá a cualquiera y a todos.

Por eso puedo decir que no es tu culpa.

Hay una cita que usan en Al-Anon, que es, para citar su literatura, una «una confraternidad mundial que ofrece un programa de recuperación para las familias y amigos de los alcohólicos», y es una cita que amo:

Cuando se trata de la adicción en tu ser querido, «tú no la *causaste*, no puedes *controlarlo*, ¡y no puedes *curarlo*!»

¿No es esto liberador? Léelo de nuevo y deja que te llegue hasta lo profundo.

Las personas que están en adicción activa están en parte allí porque se están mintiendo a sí mismos, y una de las más grandes mentiras que se dirán a sí mismos es que su situación —cuando incluso miran a su alrededor y tienen un destello de conciencia de que no es buena— no es su culpa.

No. Ellos quieren creer que alguien —cualquier persona que no sea ellos— tiene la culpa de las malas decisiones que los han llevado por ese camino.

Tal vez te están tratando de echar la culpa. Mi consejo: No los dejes. Quieren hacerte creer que tienes la culpa, y si dejas que eso empiece a arraigarse dentro de tu corazón, la culpa puede llegar a un grado que te debilite mucho.

Por eso tienes que rechazarlo.

Ellos son los que están tomando sus propias decisiones. Tal vez tomaron esas decisiones por una reacción a una tragedia terrible, o por un dolor o herida que sufrieron. Esto es comprensible, pero no lo hace excusable.

La gente es víctima de tragedias todos los días; pero no todo el mundo se convierte en adicto por enfrentar sus tragedias.

Por eso puedo decir con absoluta certeza: no es tu culpa. Por mucho que me hubiera gustado culpar a mis padres por mis problemas, al final del día yo era la única persona que se metía las pastillas a la garganta.

¿Luché para aceptar la forma en que eligieron manejar algunas situaciones? Por supuesto que sí —¿qué niño no? Pero al elegir aceptarlos por lo que eran, también comencé a aceptar mi papel en la obra.

Yo era el mayor problema; el problema principal; yo tenía algo innatamente diferente sobre mí, y hasta que me ocupara de eso, nunca podría encontrar la sobriedad.

La aceptación fue y siempre será la clave para pasar por encima de todos mis problemas.

Porque no es tu culpa. Era la mía.

Perspectiva de un padre: Wendell Lang

Espero que todos los padres de un adicto lean y relean este capítulo. ¡Sí, una y otra vez!

Es tan fácil para los padres tomar el camino del orgullo, o jugar el juego de las culpas, pero hay múltiples factores en la adicción. El gigante de la culpa intentará matarte en todo momento. El problema es que cuando sucumbimos a nuestros problemas proporcionados a Goliat, quedamos totalmente indefensos para asegurar la curación.

Todos les hemos enseñado a nuestros hijos acerca de la «culpa por asociación». Como padres, debemos ser conscientes de que a menudo podemos asociar nuestro sentido del valor por el comportamiento de nuestros hijos. Hemos vivido indirectamente a través de nuestros hijos. Nosotros tendemos a hacerlo por medio de deportes, artes y estudios.

Pero cuando pude admitir que mi familia estaba rota, me sirvió como recordatorio de que soy un vaso quebrado. Los grupos de Celebrate Recovery recuerdan a sus miembros que Dios aprecia las cosas rotas. En este mundo, devaluamos las cosas rotas. En los deportes, si el equipo está roto, tú lo tiras. Si un televisor está roto, puede que te des cuenta de que es más barato conseguir uno nuevo (y más grande), así que se sale de él.

Sin embargo, Dios valora las cosas rotas:

- El frasco de alabastro de perfume tuvo que romperse antes de que la fragancia llenara la habitación.
- Los cinco panes y los dos peces tuvieron que ser rotos antes de que ocurriera un milagro.
- Jesús dijo, «Este es mi cuerpo que está *roto* para ti».

Padres, la adicción no es culpa de ustedes, pero sería una pena permitir que tanto el orgullo como la culpa o la vergüenza impidieran que se involucren en la promoción de la curación y la esperanza de sus hijos adictos. Ninguno de nosotros estamos felices con nosotros mismos por llevar la letra «¡A!» (adicto) alrededor de nuestro cuello, ¡pero siempre debemos vivir nuestra superación como una insignia de la gracia de Dios en nuestras vidas!

CAPÍTULO 6

LA LÍNEA FINA: HABILITANDO VS. AYUDANDO

Cuando estaba en la secundaria, había recorrido muy poco en lo que es el camino de la base moral, algo de lo que no estoy orgulloso, pero que resulta clave para entender la forma en que actué en la historia que estoy a punto de contarte.

Esta historia ocurrió durante mi último año de la escuela, cuando yo estaba entregado en la vida de puras fiestas. Traté de no preocuparme ni un poco por la parte académica de la escuela: solo me interesaban las personas de la escuela que me pudieran poner en contacto y ayudarme a salir de fiesta.

Durante este tiempo salí con muchas chicas, y ya cuando mi último año casi terminaba, me encontré saliendo con dos chicas diferentes, posiblemente al mismo tiempo, ambas mayores que yo. Las dos habían ido a mi escuela secundaria y tenían la misma profesora de inglés que yo tenía: Mrs. Diems. Pero las coincidencias no paran ahí: también habían escrito sus artículos para su último año escolar sobre el mismo tema: Carlomagno, el famoso rey de comienzos de la Edad Media.

Sabía que iba a tener que escribir *mi* artículo para mi último año eventualmente, y a estas alturas puedes adivinar hacia dónde se dirige esta historia. Me las arreglé para usar mi «pico de plata» para adquirir las versiones electrónicas finales de mis dos novias sobre Carlomagno y luego literalmente copié y pegué diferentes partes de los dos trabajos en un solo documento, y lo entregué intentando de hacerlo pasar como mío.

Yo no estaba tratando de impresionar a la señora Diems para que me pusiera una A (o incluso una B o una C); tan solo quería hacer lo suficiente para poder pasar la clase y graduarme.

Entregué ese trabajo a tan solo un mes de terminar el año escolar, y no pasó mucho tiempo hasta que mi mamá recibió una llamada telefónica bastante enojada de la señora Diems, dándole la noticia que no iba a pasar la clase de inglés mi último año, a menos de que hiciera un nuevo trabajo y lo entregara el lunes siguiente.

Era un martes.

Tenía que empezar de nuevo a hacer un trabajo de investigación de unas 20 a 30 páginas llenas de citas, y apenas contaba con una semana para hacerlo. Y si no lo hacía, no me graduaba.

De hecho, entré en pánico. No porque quisiera la calificación, sino porque ya quería terminar con la escuela.

¿Pero sabes quién entró en un pánico mayor? Mi querida madre.

Ella me conocía muy bien, y por eso sabía de lo que yo era capaz en ese momento de mi vida. Tenía muy claro que, si fuera por mí y mis esfuerzos, ese trabajo ni siquiera lo iba a hacer. También quería que me graduara a tiempo, así que decidió ayudarme.

Con «ayuda» me refiero a «escribir cada unas de las palabras de mi trabajo de la clase de inglés de mi último año».

Literalmente. Cada palabra. Ni siquiera escribí mi nombre. Hasta el día de hoy, tengo intensos recuerdos de verla arriba, en la oficina de nuestra casa en Pryor, Oklahoma, donde crecí, trabajando duro en la computadora investigando y escribiendo mi trabajo por mí.

Lo admito: me sentí *un poco* culpable por ello en ese momento, pero no lo suficiente para correr hacia arriba y liberarla de su deber. Si ella quería ayudarme, yo la iba a dejar.

Además, eso significaba que podía salir de fiesta con mis amigos.

Ella lo terminó, yo lo entregué, y adivina qué: ¡Recibí un grado bastante bueno! Suficientemente bueno para permitirme caminar por el escenario en mi graduación y obtener el diploma que mi mamá había ganado por mí.

Dios la bendiga, ella estaba haciendo lo mejor que sabía hacer en ese momento, y no la culpo por ello ni un poquito.

Pero mientras ella pensaba que me estaba ayudando, en realidad, me estaba habilitando.

¿Qué es habilitar?

Cruzas la línea entre ayudar y habilitar cuando empiezas a proteger a tu ser querido adicto de todas las consecuencias de su comportamiento. Mi historia de Carlomagno, aunque chistosa, es un ejemplo perfecto de esto.

No debería haberme graduado. Yo había sido un flojo todo el año escolar y no merecía el diploma que obtuve. Fui yo quien entregó el papel original copiado, así que era el que debería haber tenido que quedarme despierto hasta tarde toda la semana, trabajando desesperadamente para crear algo con lo que pudiera obtener una calificación de aprobación.

Pero eso no es lo que pasó. Mi mamá —quien es encantadora, honestamente pensó que estaba haciendo lo correcto— puso el pecho delante de esa bala que me impediría graduarme y la tomó por mí.

Tú probablemente entiendes por qué. ¡La razón por la que llamamos a estas personas «seres queridos» es porque los amamos! Queremos cuidarlos y satisfacer sus necesidades, pero el hecho de la cuestión es: los adictos son irracionales, y están en medio de una enfermedad que los hace indiferentes. Cuando comienzas a ver que se dejan de cuidar a sí mismos o al mundo que los rodea tú tienes, por lógica humana, un movimiento empático para tratar de exportar tus cuidados con ellos.

El problema es que eso no funciona.

En lugar de eso, terminas tratando de controlar el comportamiento de tu ser querido, lo que siempre va a ser una mala idea.

Sé que esto suena contraintuitivo, porque lo que quieres hacer —ayudar, alentar, arreglar, proteger, apoyar, cuidar, servir, acomodar— son todas cosas buenas.

Estos son los tipos de cosas que hacen los buenos

cónyuges. Son el tipo de cosas que hacen los buenos padres. Estos son el tipo de cosas que hacen los buenos miembros de familia.

Pero cuando se trata del adicto, estas cosas buenas se vuelven venenosas y las cosas que exactamente mantienen a todos enfermizos.

Cuando tú habilitas, evitas que tu ser querido adicto sufra cualquier consecuencia perjudicial por su comportamiento —y si no sufren ninguna consecuencia, no tienen razón para cambiar. Tu ayuda se convierte en algo de lo que pueden depender, por lo tanto, les permite seguir viviendo la mentira que su enfermedad les está alimentando.

¿Lo ves? ¿Tiene sentido esto para ti? ¿Ya te sientes liberado? ¿Será que el peso insoportable de hacerte responsable del comportamiento de otra persona se levanta de tus hombros?

Eso espero.

Habilitación y codependencia: encajan juntos como un guante

Muchas veces la gente habilita a un adicto porque son codependientes de ellos.

Codependencia es una palabra que se usa mucho en círculos de recuperación, y algunas personas están seguras de que son codependientes cuando no lo son, mientras que otros están seguros de que su hijo no es codependiente cuando en realidad serían un excelente ejemplo para este libro.

Entonces, ¿cómo puedes saber si eres codependiente? Puedes comenzar respondiendo las siguientes diez preguntas:

- *¿Te parece que atraes a personas necesitadas y*

dependientes y te preguntas por qué eso siempre pareciera sucederte a ti?

- *¿Te parece más fácil estar más preocupado por otras personas que por ti mismo?*
- *¿Te resulta difícil escuchar y aceptar críticas, incluso cuando se te dan con amor?*
- *¿Necesitas o buscas la aprobación de los que te rodean?*
- *¿Te sientes culpable cuando no puedes ayudar a alguien de quien te sientes responsable, como si no estuvieras a la altura?*
- *¿Prefieres ceder a la voluntad de los demás que defenderte y defender lo que crees o exigir lo que quieres?*
- *¿Te quedarías en una relación o situación difícil porque prefieres lidiar con el dolor en vez de cambiar?*
- *¿Alguna vez sientes resentimiento can la gente cuando las ayudas?*
- *¿Tienes la sensación indefinible de que la vida te está engañando?*
- *¿Tienes síntomas físicos relacionados con el estrés, como dificultad para dormir, problemas estomacales, tensión en la espalda o el cuello, o dolores de cabeza?*

Si respondiste que sí a la mayoría de esas preguntas, tú puede que seas una persona codependiente. Y si eres codependiente, probablemente estés habilitando a alguien.

Entonces, ¿cómo puedes saber si tu cuidado se ha convertido en codependencia?

Estas son las ocho características más comunes de la

codependencia; ve si alguna de estas características suena como tú.

Responsable

Las personas codependientes se sienten responsables de los demás, pero de una manera exagerada que va mucho más allá de su responsabilidad. La persona codependiente asume tanta responsabilidad que su propio bienestar emocional se eleva y cae en el comportamiento de la persona por la que está tratando de ser responsable.

Emocionalmente confundido

Personas codependientes tienen dificultades para saber cómo se sienten. Pregúntales una emoción que puedan estar sintiendo, y es probable que no sean capaces ni siquiera de identificarla, mucho menos hablarla y expresarla de una manera saludable.

Temeroso

Aunque no se den cuenta a nivel superficial de su cerebro, las personas codependientes tienen un profundo miedo a estar solas. Este miedo al abandono los lleva a comenzar relaciones que los están lastimando, simplemente para evitar el aislamiento y el dolor que viene de ser por sí mismos.

Perfeccionista

Las personas codependientes tienden a ser perfeccionistas, y mantienen expectativas poco realistas como una escala de medida para casi todo. Pero no te sientas mal —pueden ser tan duros con ellos mismos como todos los demás.

Repetitivo

Aquellas personas que son codependientes a menudo se encuentran repitiendo relaciones con otras personas dependientes, ya sea que esas personas se ocupen de la adicción al alcohol o a las drogas, o a adicciones más socialmente aceptables como la comida y el trabajo.

Reactivo

En lugar de actuar en su propio nombre —porque eso podría ser demasiado arriesgado (y recuerden, no saben cómo se sienten)— las personas codependientes son reactivas. Reaccionan a las situaciones, reaccionan a otras personas, reaccionan a casi cualquier cosa, porque ser reactivo tiene más sentido que ser proactivo.

Condescendiente

Las personas codependientes a veces pueden ser adecuadamente descritas como «un desastre», porque en medio de sus tendencias perfeccionistas y reactivas, también a menudo se sienten como un fracaso. Pero este es un profundo sentido de fracaso que se inicia en todo tu ser, creando un bajo sentido de autoestima y llevándolos a un gran, pero sin embargo, tácito sentido de condescendencia hacia sí mismos.

Deprimido

Por último, la persona codependiente también a menudo lucha con la depresión, y no el tipo muestra-una-sonrisa, sino el tipo de depresión de larga duración y médicamente diagnosticable que conduce por muchos caminos oscuros.

Ahora, para ser claros, no tienes que ser codependiente para habilitar a tus seres queridos. Yo diría que ninguno de mis padres realmente cabe en la caja de codependencia, pero más bien lograron habilitarme (que es algo que admitían, justo al lado del hecho de que no sabían lo que estábamos haciendo, y solo estaban tratando de hacer lo mejor que sus mentes desinformadas podían hacer).

Sin embargo, si estos aspectos de la codependencia te suenan a verdad a ti, entonces tú podrías estar habilitando a tus seres queridos como nosotros. Esa puede ser una verdad muy, muy difícil de aceptar, y cree en mí. Entiendo que tú estás teniendo dificultades con él. Sé que amas a tu hijo o hija, a tu cónyuge, a tus padres, a tu ser querido: sé que quieres lo mejor para ellos y quieres ayudarlos de cualquier manera que puedas.

Pero también sé que habilitarlos es lo contrario ayudarlos.

«La mejor cosa que hizo mi mamá»

Mi buen amigo Floyd trabaja en Rob's Ranch, un centro de tratamiento en el centro de Oklahoma para hombres que luchan con dependencia química. Es el supervisor de salud y nutrición y hace un espacio para pasar tiempo con muchas de las familias cada fin de semana cada vez que llegan para la visita. En conversaciones alrededor de la mesa del comedor, he oído decirle esto a los padres unas cien veces...

«Lo mejor que mi madre hizo por mí fue dejarme en la cárcel».

Siempre es divertido escuchar las respuestas, especialmente

de aquellos que tienen seres queridos atrapados en las garras de la adicción. Si eres así, probablemente te has preguntado si deberías tener la pista de la madre de Floyd y haber hecho lo mismo una o dos veces.

- Déjalos en la cárcel
- Déjalos en la calle
- No les des más dinero
- Quítales su coche
- Apaga su teléfono
- Cambia tus cerraduras

Lo que hizo la Sra. Carter salvó la vida de su hijo. Pero no fue una decisión fácil.

Permitir que los niños se enfrenten a las consecuencias de sus decisiones nunca lo es.

Pero a menudo es lo mejor que puedes hacer.

Hace unos años, mi hijo de once años me preguntó, con lágrimas en los ojos, si podía dejar el fútbol. No le estaba tocando tiempo en el juego, y algunos de los niños le habían estado haciendo pasar un mal rato.

«Por favor, ¡papá!» me suplicó de pie en ese campo después de una práctica que se acababa de terminar, y mirándome directo a los ojos. «¡Déjame renunciar!».

En ese momento, quería aliviar el dolor de mi hijo, para dejarlo libre y darle una manera rápida de encontrar alivio. Parecía la decisión correcta; después de todo, estaba lastimado.

Dejarlo renunciar habría sido la decisión conveniente. *Pero no era la decisión CORRECTA.*

Sí, podría haberlo dejado salir del campo esa noche e inmediatamente aliviar el dolor y la vergüenza que estaba sintiendo, pero solo lo habría hecho temporalmente.

En cambio, todo lo que hubiera hecho es rescatarlo, establecer las bases para que fuera un perdedor el resto de su vida, o, peor aún, potencialmente paralizada su capacidad para trabajar a través del dolor.

Estoy tan contento de no haberlo hecho. En cambio, tuve una charla con él acerca de lidiar con cosas difíciles, el poder de la perseverancia, y todas las maneras en que podría crecer si se quedara con ese deporte por un tiempo más.

Él regresó a la práctica al día siguiente, y aunque no cambió mucho para él en términos del juego de fútbol, el carácter en su corazón se hizo más fuerte, incluso sin que se diera cuenta.

Rescatar a nuestros hijos es una reacción natural, y solo para ser claros: a veces tiene sentido. Hay momentos en que lo hacemos como padres, necesitamos rescatar o abogar por nuestros hijos.

Pero yo diría que la mayoría de las veces, probablemente no sea necesario volver a golpear las ruedas de entrenamiento en la vida de nuestros hijos.

Sin embargo, es tentador, porque nuestros cerebros y corazones lo justifican como amor. Nos sentimos como el salvador, el héroe... «¡Papá o mamá al rescate!».

Pero ¿de qué los estamos salvando realmente?

¿Los estamos salvando del dolor? ¿Relaciones venenosas?

¿Tiempo en prisión? ¿O nosotros simplemente les estamos impidiendo aprender lecciones de vida de vital importancia, los tipos de lecciones que los ayudarán a llegar a ese lugar crucial donde se establece la realidad y la ayuda comienza a tener sentido?

Verás, cada vez que intervenimos y quitamos el placer de las consecuencias ganadas, damos un paso más a la habilitación, y ellos dan un paso más cerca de la adicción.

El peso de habilitar se hace más y más pesado a medida que nuestros hijos se van haciendo adultos. Y cuando empezamos a habilitar a nuestros hijos, comenzamos a caminar sobre una delgada línea que normalmente no termina bien.

Hablo con familias cada semana que me miran a los ojos y dicen, «Sé que lo he habilitado; sé que lo rescatamos demasiadas veces». Cada vez que escucho esto, me asusta hasta el fondo de mi ser.

¿Por qué?

Porque esta es una receta para años de dolor, culpa, y posiblemente una muerte temprana.

Lo entiendo, nadie quiere ver sufrir a sus hijos. Pero si te enfrentas a una situación, como la Sra. Carter lo hizo, cuando una y otra vez su hijo había tomado decisiones destructivas mientras constantemente lo buscaba para rescatarlo, te insto a que sigas su ejemplo.

¿Será fácil? Nunca he tenido que pasar por eso personalmente, pero puedo imaginarme que es una de las decisiones más difíciles que un padre pueda tener que tomar. Sé, de hecho, que la Sra. Carter odiaba ver sufrir a Floyd, pero mira lo que pasó: que el sufrimiento resultó temporal, y ahora al otro lado de ella hay un hombre de carácter, resistencia y esperanza; un hombre que puede testificar que *él pasó por el sufrimiento* y salió bien librado.

A veces lo mejor que un padre puede hacer es dejar ir y dejar que Dios haga lo que tiene que hacer.

Entrevistas con otros adictos: el manipulador habilitado

¿Cómo es que tus padres o cónyuge habilitaron tu adicción?

Mis padres y novia, con quienes había pasado más tiempo durante mi consumo, me habilitaron de varias maneras.

¿Cómo usaste la ayuda de tus padres en contra de ellos? ¿Cómo los manipulabas?

Con mis padres era muy fácil pedir ayuda financiera, porque rara vez me veían en persona y no sabían sobre mi consumo de drogas después de mi primera rehabilitación. Después de rechazar su oferta de vivir una vida sobria luego de mi primera estancia en rehabilitación, mis padres básicamente me dejaron por mi cuenta. Fui a vivir con la hermana de mi novia como si fuera una casa de sobriedad improvisada donde las «reglas» serían las mismas que las de cualquier otro hogar sobrio. Su hermana y su esposo no tenían idea de lo que era vivir en una casa sobria, así que salirme con la mía con mis viejos hábitos era demasiado fácil.

Mis padres aceptaron pagar mi «renta» en la casa, así que todo lo que necesitaba pagar era la comida. Rápidamente comencé a establecer conexiones en el área para comenzar a vender drogas de nuevo para poder pagar mi propio suministro de drogas. Debido a que todo esto se hizo a través de transacciones en efectivo, mis padres de nuevo no tenían idea de lo que estaba tramando. Todos los días estaba en contacto con mis padres y tutores para asegurarles que estaba bien y permanecía sobrio.

A medida que mis «seis meses de sobriedad» se acercaban, comencé a perder el control de mi juego de mentiras. Mi cerebro no estaba donde había estado antes, y me encontré luchando por sobrevivir cada día.

Sabía que mi constante manipulación pronto iba a ser contraproducente para mí. Estaba cansado de mentir y no poder recordar qué mentira le había dicho a qué persona. Eventualmente, lo inevitable me alcanzó y me quedé atrapado en mis mentiras. Perdí un trabajo que amaba, las relaciones que atesoraba y la confianza de cada persona que había considerado cercana a mí.

Si pudiera volver al día en que entré en mi primera rehabilitación en busca de ayuda, haría las cosas de manera diferente.

En primer lugar, habría escuchado a la gente tratar de ayudarme, en lugar de manipularme a mí mismo, y luego a los demás, sobre lo que quería.

Para los padres, la habilitación puede venir de muchas formas, pero tú no puedes dejar que tu hijo o ser querido haga las cosas que él o ella dicen que les ayudarán. En la mayoría de los casos están equivocados, incluso cuando piensan que tienen razón.

Haz que hagan las cosas más difíciles en lugar de ser más blandos con ellos, porque cuanto más difíciles sean habrá un mayor crecimiento. Más responsabilidad y comunicación también promoverá la sobriedad del adicto.

Me sentí solo al principio de mi sobriedad y deseé tener

más gente al lado considerando mis propios sentimientos y ambiciones. Ojalá me hubieran presionado más para lograr las cosas que quería en lugar de dejarme libre para descubrir la vida por mi cuenta.

Entrevistas con otros adictos: el padre jugando ser un CPA

¿Cómo ayudaron tus padres a promover tu adicción?

Mis padres se sentían culpables por su divorcio y por otras cosas que habían sucedido en mi vida, y debido a esa culpa siempre me dieron dinero o me permitieron que tomara dinero que no me deberían haber dado, así como poner excusas acerca de mi comportamiento y no adherirme a las consecuencias.

¿Cómo usaste la ayuda de tus padres contra ellos? ¿Cómo los manipulabas?

Tomaba todo lo que quería diciendo que lo necesitaba, o actuando como si la escuela estuviera agotándome y que me lo merecía porque estaba trabajando tan duro en la escuela y haciéndolo bien.

¿Cómo prolongaron tus padres tu adicción con su ayuda?

Mis padres prestándome su ayuda permitieron que mi adicción continuara por unos dos años más de los que debería haber durado.

¿Tus padres alguna vez trataron de bajar los límites? ¿Tuvieron éxito?

No hasta el final. Yo andaba de visita en París con mi madre y mi hermano, y estuve tomando Xanax todo el viaje, no era fácil lidiar conmigo, yo era muy desafiante.

Cuando volvimos, mi mamá estaba muy decepcionada de mí, pero ella realmente nunca me apartó del dinero o de permitirme entrar a la casa o algo así.

¿Qué podrían haber hecho tus padres de manera diferente que te podría haber ayudado a encontrar la sobriedad antes?

Mis padres debieron haberme separado de todo el dinero tan pronto como se dieron cuenta de lo mal que estaba, y no debieron haberme rescatado de la cárcel, ni pagar por mi costoso abogado cuando recibí mi segundo DUI.

Creo que parte de la razón por la que no hicieron nada sobre [mi problema] fue que todavía estaba cursando en la escuela, y querían que terminara la escuela más de lo que querían que fuera a rehabilitación.

En retrospectiva, no sé si tomaron la decisión correcta o no, porque no sé si hubiera vuelto a la escuela después de ir a rehabilitación o no. Por otro lado, si me hubiera tomado un descanso y hubiera conseguido la sobriedad antes de terminar, podría haber conseguido un mejor trabajo cuando me gradué y estar listo para tomar el examen de CPA.

Todo lo que sé es: las cosas han funcionado de la manera que Dios quería que funcionaran, y estoy donde estoy hoy porque mis padres no se dieron por vencidos. Lo poco de dinero que quedaba fue usado para enviarme a rehabilitación, y cuando entré me dijeron que esta era la única rehabilitación que pagarían.

Esta vez funcionó.

Una palabra de un consejero: Kyle McGraw

[Kyle McGraw es altamente considerado como uno de los principales consejeros de drogas y alcohol en el estado de Oklahoma. Sus antecedentes incluyen tiempo pasado como director de Servicios de Abuso de Sustancias para el Departamento de Servicios Humanos de Oklahoma, el director ejecutivo de la Fundación Chance to Change y director de Servicios de Consejería para la Universidad del Nazareno del Sur. Además de eso, tiene y todavía mantiene una próspera práctica privada en Edmond, Oklahoma, Transforming Life Counseling Center. Para obtener más información sobre Kyle, visite TLCCOK.com o llame al 405-761-1740].

¿Por qué decidiste dedicar tu vida a ayudar a las personas y a las familias a superar los problemas de abuso de sustancias?

Crecí en un hogar alcohólico y abusivo. Mis padres hicieron lo mejor que pudieron, y el grupo de jóvenes de la iglesia se convirtió en un hogar lejos de casa. Empecé a trabajar con jóvenes a tiempo completo después de mi educación universitaria y comencé a ayudar, como muchos me ayudaron a mí en mi adolescencia.

Mi pastor principal me desafió a ir a la escuela por mi maestría para promover mis habilidades para trabajar con los jóvenes.

Mi educación me ha enseñado que la familia, no solo la persona, tiene que cambiar para que la persona que se recupere tenga una oportunidad.

¿Si un adicto está listo y dispuesto a obtener ayuda, cuál es el plan de acción que normalmente le das a él o a su familia?

A menudo, una evaluación inmediata para decidir si la persona necesita o no desintoxicación médica es crucial. La adicción es una enfermedad cerebral, y la desintoxicación a menudo necesita supervisión médica.

En segundo lugar, veo qué tipo de «aceptación» hay entre los miembros de la familia. Sin el apoyo familiar, será más difícil para la persona adicta tener éxito. La enfermedad de la adicción es más grande que cualquier individuo, y por lo tanto se necesita que muchos trabajen juntos para lograr el éxito.

Una vez que se lleva a cabo la evaluación, y dependiendo de la gravedad de la enfermedad, ese es el momento de determinar el nivel de atención necesaria. Eso puede significar atención ambulatoria, hospitalaria o residencial.

En tu opinión, ¿todo drogadicto necesita ir a tratamiento para llegar a la sobriedad?

¡No! A veces esto puede tener éxito de forma ambulatoria. La evaluación del individuo y la familia, junto con la droga de elección, el último uso, el tiempo de permanencia en el uso, la tolerancia y muchos otros factores entran en el establecimiento de una evaluación basada en la ciencia.

¿Cuál es un concepto común erróneo sobre la adicción que escuchas de tus pacientes?

Un concepto erróneo común es pensar: «Puedo ser más astuto y controlarlo».

En segundo lugar, está este mito: «Tengo un empleo remunerado; por lo tanto, no puedo ser un adicto.

En tercer lugar, está el mito: «Estoy casado y no he tenido consecuencias graves debido a mi consumo». Esto se conoce a menudo como «negación» para el adicto.

A menudo, una pareja u otro miembro importante de familia lo ve de manera diferente y tiene una lista de razones por las que su ser querido necesita dejar de fumar y buscar tratamiento.

A menudo la educación de la familia y el individuo afectado necesita suceder mucho antes de que el adicto alguna vez quiera ayuda.

¿Cuál es el mejor consejo que puedes darle a una mamá o a un papá que está tratando con un joven que se niega a obtener ayuda para su adicción?

Busca ayuda para ti a pesar de que tu hijo se niegue a la ayuda. Cuando se para la habilitación, y a menudo los miembros de la familia niegan su propia habilitación, entonces la curación puede comenzar.

Perspectiva de un padre: Wendell Lang

El psicólogo y autor M. Scott Peck ha dicho: «La pereza es el mayor impedimento para el crecimiento espiritual». Permítanme ser claro desde el principio: habilitar rara vez tiene un hueso perezoso en su cuerpo. Más bien, habilitar a menudo se manifiesta en poner excusas y culpar a los demás por el comportamiento de tu hijo. Muy a menudo los padres realmente creen que están ayudándolos, pero en verdad están en medio de la habilitación.

Cuando habilitamos a nuestros hijos estamos viajando por una pendiente resbaladiza. ¿Cuándo nos acercamos a nuestro hijo y cuándo ejercemos el amor duro? Cada situación y circunstancia son diferentes, por lo que la perspectiva externa a menudo es útil: busque el consejo de aquellos que están en círculos de recuperación. Es increíble lo que una voz objetiva y experimentada te puede dar durante tu tiempo de prueba.

Con demasiada frecuencia cuando habilitamos a nuestros hijos, simplemente estamos haciendo un viaje de culpa. Cuando somos dueños de las decisiones de nuestros hijos, creemos que es necesario enmendar sus acciones, y por lo tanto los habilitamos.

Mientras que algunos luchan por perdonar a sus hijos, otros luchan por perdonarse a sí mismos. Arreglar a nuestra familia es lo más que podemos hacer solos: debemos reemplazar nuestro dolor con la paz de Dios.

«Y la paz de Dios, que trasciende todo entendimiento, protegerá vuestros corazones y vuestras mentes en Cristo Jesús». (Filipenses 4:7) La misericordia y el perdón es la manera sobrenatural de Dios para tratar con aquellos que nos han hecho daño. Así somos cuando permitimos que nuestros seres queridos experimenten algo de dolor para ser sanados. Grupos como Celebrate Recovery, Al-Anon, y AA te van a ayudar a encontrar la delgada línea entre ayudar y habilitar para que puedas permanecer del lado correcto.

CAPÍTULO 7

¿Y AHORA QUÉ?

Espero que hayas llegado al punto de admitir que tu ser querido tiene un problema, que tú puedes haber involuntariamente (o intencionalmente, ¿quién sabe?) contribuir a ello habilitándolo, y ahora deseas que encuentre la ayuda que necesita. Incluso puedes pensar que puedes empujarlos o persuadirlos hacia esa ayuda, tal vez a través de tus poderes de persuasión o intimándolos mediante algún ultimátum con mano dura.

Desafortunadamente, ese no suele ser el caso. La mayoría de los adictos no responderán a las amenazas (responderán a las *consecuencias* de ellas, si alguna vez las ven), y solo escucharán su argumentación lógica y bien intencionada, siempre que sea necesario para convencerte de que les des dinero.

No, la mayoría de los adictos, incluido yo, tienen que encontrar su propia razón para conseguir ayuda. Probablemente lo has oído como «tocar fondo».

El elusivo punto más bajo

No sé cuántas veces he oído a alguien en la comunidad de recuperación decir: «Simplemente aún no ha tocado fondo». Y cada vez que escucho eso, siempre pienso en mí mismo. ¿Cómo se ve el «punto más bajo» de todos?

¿Siendo atrapado?

¿Es tiempo en prisión?

¿Falta de vivienda?

¿Perder a tu familia?

¿Tienes que estar sucio, desagradable y maloliente para tocar fondo? ¿Hay algún lugar llamado el punto más bajo que la gente esté tocando?

Bueno, déjame decirte, después de trabajar con cientos de adictos en los últimos años puedo decir con confianza... No tengo la más mínima idea de lo que es ese llamado fondo.

¡De verdad que no! **No tengo ni idea.** No he encontrado ninguna manera de identificar si alguien ha tocado fondo o no. No hay un marcador o lista de verificación brillante que pueda calificar con precisión a una persona sobre el estado del fondo al que ha llegado.

Lo que he encontrado es esto: el fondo es diferente para todos. Y si ese es el caso, entonces ¿por qué estamos tratando de adivinar cuándo una persona ha tocado o no ha tocado fondo?

Creo que tendemos a tener una visión un tanto romántica de cómo se ve el punto más bajo, basada en la forma en que las películas, los libros y los programas de televisión han retratado descensos hacia la degradación. Esperamos que el fondo parezca ser arrestado por la policía, o hacer trucos en el estacionamiento detrás de un motel, o desperdiciarse en un sofá sucio en una sala llena de basura que está cubierta de cajas de pizza, excrementos de ratas y una neblina sucia.

Pero no es así como *se veía mi* punto más bajo. Ni por un segundo.

La mayor parte del tiempo, me veía relativamente normal en *mi* punto más bajo. Tuve un buen trabajo, hice mucho dinero, fuimos a la iglesia, tenía una novia bonita, vivía en una casa decente, y conducía un buen coche. Esos son signos relativamente materiales, pero si no me conocieras, no tendrías idea de que era simultáneamente un *drogadicto de 50 píldoras al día*. Yo era un adicto bastante alto que, desde el punto de vista del mundo, no estaba ni cerca del punto más bajo.

Entonces, ¿cómo lo sabes?

El punto más bajo de un adicto puede estar tan camuflado como un miembro del elenco *de Duck Dynasty* el sábado por la mañana durante la temporada de patos. Son imposibles de encontrar, y ninguno se ve igual. Así que en lugar de usar eso como algún tipo de muleta o justificación para aceptar un comportamiento inaceptable, puedes usarlo como catalizador para intervenir temprano y a menudo.

Porque la verdad es: los seres queridos podemos *forzar* el punto más bajo. Es posible. Podemos decir «suficiente es suficiente». Podemos quitarles los privilegios, dinero y libertad. Podemos forzar el tratamiento, cambiar las cerraduras y apagar el teléfono. Podemos despedir a alguien, sacarlo del negocio familiar, prohibirles la entrada a nuestras instalaciones, o mirarlos a los ojos y decirles que hoy es el día en que algo cambia.

Vas a ver, todas las instancias que acabo de enumerar son verdaderos ejemplos de situaciones que he tratado en una sola semana de ministerio.

Las familias de todo el país se enfrentan constantemente a estos dilemas, y esas mismas familias están aprendiendo a hacer frente al desafío.

¿Cuándo forzamos el punto más bajo? ¿Cómo ayudamos realmente? Es terriblemente difícil saberlo, pero para ayudar a un adicto a encontrar su fondo, puedes empezar haciendo cualquiera de las cosas que acabo de enumerar, y apegarte a ellas.

Y sí, sé que a veces hacemos estas cosas y nada cambia.

Y sí, sé que a veces hacemos estas cosas y la gente todavía nos decepciona.

Y sí, sé que a veces hacemos estas cosas y la gente todavía muere.

Lo sé porque todas esas cosas también sucedieron durante esa misma semana.

Me dolió. Lloré y me enojé por eso.

Pero al menos los padres intentaron todo lo que pudieron para salvar a su hijo. Forzaron el punto más bajo hace aproximadamente un año y el hijo llegó al tratamiento. Él tenía una oportunidad. Él encontró esperanza.

Por cualquier razón no funcionó. Pero en lugar de esperar el elusivo fondo eligieron actuar. Eligieron entrar y elevar el fondo de lo más bajo para darle a su hijo una última oportunidad.

Si te estás diciendo a ti mismo que debes esperar para intervenir hasta que tu ser querido llegue a tocar el fondo, te insisto a que pares. Tú tienes una opinión de la definición del punto más bajo. ¿Por qué no aquí? ¿Por qué no ahora?

No hay otro lugar a dónde ir, nada más que para arriba.

¿Qué viene después del punto más bajo?

Por lo tanto, supongamos que tu ser querido ha tocado fondo, y ahora te estás preguntando qué hacer a continuación. Por desgracia, una de las principales luchas que tengo en nuestros grupos de apoyo familiar que alberga nuestro ministerio, e incluso al escribir este libro, es tener la idea de que *no hay una repuesta a esta pregunta.*

No existe un enfoque claro y paso a paso para manejar la adicción de tu ser querido. Cualquiera que te lo diga, que garantice «éxito», te está mintiendo o engañándose a sí mismo. Cada adicto, aunque tienen rasgos y motivaciones similares, es muy diferente, al igual que su familia es diferente de otras familias mientras que todavía tiene algunos rasgos universales que todos comparten.

Si bien no puedo ofrecer una transcripción línea por línea del proceso que debes seguir, *puedo*, en cambio, darte un modelo basado en mi propia experiencia personal y la educación que he recibido. Asimismo, puedo ofrecerte la esperanza que viene de ver la vida de cientos de adictos cambiados a medida que han seguido este modelo.

Antes de que vayamos más allá, permítanme animarlos con esto: si tú ser querido ha tocado fondo y está queriendo hacer un cambio, *¡eso es enorme!* El camino por delante es increíblemente difícil, sin duda, pero llegar a ese camino y ser dirigido en la dirección de la sobriedad es una gran victoria.

¡Felicitaciones!

Así que vamos a hablar en general sobre sus opciones. A mi buen amigo Chuck Robinson, que trabaja para Elements Behavioral Health como su director nacional de Programación y Alcance Cristiano, le gusta explicar sus opciones usando el modelo de un diamante de béisbol. Conoces el objetivo de nuestro pasatiempo americano: avanzar por las bases hasta llegar a casa, llegar a casa y anotar una carrera.

La sobriedad funciona de la misma manera. He identificado cuatro bases, y si el adicto en tu vida puede ejecutarlas en orden, tienen una gran oportunidad de llegar a casa. Pero lo que tiende a hacer tropezar a la gente es pensar que llegar a una base es lo mismo que un jonrón.

Mira, pegarle a la pelota entre la segunda base y el campocorto es una sensación agradable, pero no creas que ese doble los ha traído a casa. No lo ha hecho. Solo los puso en la base, y tienen que pasar todo el camino antes de que cuente.

Así que, aquí vamos.

Primera base: détox

Las drogas y el alcohol introducen un gran nivel de sustancias químicas extrañas en el sistema físico del adicto, y esas sustancias químicas tienen que ser purgadas antes de que cualquier otra cosa pueda suceder. Este es el período de tiempo llamado desintoxicación, y *es el peor*. Nunca olvidaré mis diez días en una instalación de desintoxicación, comiendo comida horrible, viviendo en matorrales verdes, bajo una supervisión de mis signos vitales cuatro veces al día, y solo ver la luz del día durante el descanso ocasional para fumar. Fue horrible, y no solo para mí, el adicto —será difícil para ti también. Ver a tu ser querido pasar por tanto dolor físico cuando las drogas salen de su sistema, puede ser debilitante. *Los dos* solo quieren que se detenga. Pero, por fortuna, siempre pasa, y con ello han hecho la primera parte difícil de anotar en el béisbol: subirse a la base.

Segunda base: tratamiento residencial

Una vez que han librado a su cuerpo de todas las toxinas que sus drogas o alcohol han puesto en ellos, tus seres queridos adictos pueden dirigirse a la segunda base: tratamiento residencial.

Este es un período de tiempo donde el adicto vive en un centro de tratamiento y toda su existencia es supervisada por un equipo de profesionales. Aquí, tu ser querido aprenderá un idioma completamente nuevo, y se le dará una nueva terminología para ayudarlo a aprender acerca de sí mismo, acerca de su enfermedad, y cómo es el camino hacia adelante.

No puedo decir esto lo suficientemente fuerte: *aprende ese idioma.* Esto es otra cosa que Chuck Robinson me enseñó, y es tan crucial porque ese nuevo lenguaje va a ser su nuevo salvavidas, lo que los mantiene en el buen camino, y el mandato por el cual viven su nueva vida sobria. A medida que aprendas ese idioma, al profundizar en el nuevo vocabulario increíblemente denso que tendrán, podrás alentarlos, apoyarlos y *entenderlos*.

También comenzarán a aprender a amarse a sí mismos.

Mucha gente recurre a la adicción porque no se ama a sí misma, y apagar la adicción no va a cambiar eso. El tratamiento residencial proporciona un medio para que comiencen el proceso de por vida de aceptar quiénes son y aprender a amar a esa persona que ven en el espejo.

Elegir el centro de tratamiento adecuado es un proceso difícil también. El tratamiento no es de un único tamaño para todo tipo de escenario. Diferentes instalaciones tienen enfoques especiales, disciplinas y terapias de elección. Algunos trabajan con componentes de salud mental, mientras que otros se centran en el abuso de drogas y alcohol. Algunos usan terapia experiencial, mientras que otros utilizan enfoques tradicionales. Algunos tienen guías estrictas; otros proporcionan un ambiente más relajado. Las instalaciones de tratamiento son como cualquier otro negocio; hacen algunas cosas muy bien y otras no tan bien. Así que entender qué instalación se adapta mejor a tu ser querido es un camino que necesitas para caminar con otra persona. Es un paso crucial en el proceso y una elección que no debe hacerse de manera irresponsable.

A nuestra organización, *Hope is Alive Ministries* le encantaría ayudarte durante este camino. Trabajamos con cientos de familias cada año ayudándoles a entender las mejores opciones para sus seres queridos. Estamos encantados de tener encuentros contigo, discutir tu situación y presentarte las mejores opciones para tu ser querido.

Tercera base: la vida sobria

Esta es una base que mucha gente trata de saltar, pero mi experiencia me ha enseñado que la vida sobria es fundamental para conseguir la sobriedad de por vida. Una vez que tu ser querido deja el tratamiento residencial, a menudo es posible que se reinstale en la sociedad normal.

Desafortunadamente, no tienden a tener todas las herramientas necesarias para gestionar la transición, y estadísticamente hablando la mayoría de ellos terminarán de nuevo en rehabilitación en algún momento en el futuro si tratan de saltarse esta base.

¿Qué puedes hacer para mitigar esa recaída? Vivir una vida sobria. No le digas esto al adicto en tu vida, porque los asustarás, pero si se comprometen a pasar un año en un hogar sobrio, es mucho más probable que logren sobriedad de por vida. De hecho, mi experiencia más reciente me dice que dieciocho meses es realmente el mejor escenario.

La mayoría de los adictos que encuentro son jóvenes, así que siempre se las pongo de esta manera: probablemente les quedan más o menos 60 años de sus vidas. Les digo que, si le dan un solo año a la vida sobria, tendrán una gran oportunidad de que los otros 59 años sean excelentes. Si no lo hacen, probablemente tendrán muy pocos años de vida y serán miserables todo ese tiempo.

Home: reuniones continuas

Después de un año en un hogar sobrio, la mayoría de los adictos están de nuevo de pie. Aprenden a manejar sus vidas, aprenden a mantener un trabajo, a mantenerse organizados, a mantener relaciones saludables y a todas las demás cosas que implica una vida normal.

Pero no han terminado.

Recomiendo que sigan asistiendo regularmente a reuniones. Este es el aspecto más pasado por alto de mantener la sobriedad, pero es una parte imprescindible de ella. He estado sobrio durante años, y todavía voy a (y manejo) reuniones todo el tiempo. Necesito que me recuerden quién era yo, para que nunca pierda de vista quién soy ahora, y quién quiero ser en el futuro.

Y una cosa más: no hay nada que diga que tú no te puedes involucrar en la recuperación, también. ¡De hecho, lo recomiendo! Si tienes éxito en conseguir que tu ser querido obtenga ayuda, te ayudaría también buscar ayuda para ti mismo. Aprende el idioma. Deja que te cambie. Da en retorno.

Tu salud también está en juego aquí. Cuídate.

Perspectiva de un padre: Wendell Lang

Sabía muy poco sobre la adicción cuando nos involucramos con el proceso de recuperación de Lance. Dios honró a nuestra familia al ponernos en contacto con personas que nos dirigieron al Rancho de Rob, una instalación de recuperación que Dios usó de una manera poderosa. El proceso de desintoxicación es horrible tanto para la familia como para el paciente, pero el dolor necesario es esencial para la curación. La recuperación es primordial para una computadora fresca, la vieja pantalla necesita irse para obtener una pantalla limpia.

La desintoxicación es necesaria para eliminar del cuerpo las impurezas y toxinas, ya que estos venenos deben ser eliminados antes de que sea posible la recuperación. La Biblia utiliza esta palabra para el proceso de desintoxicación: pureza. El significado es ser totalmente sincero, honestamente transparente. La pureza significa estar limpio. La palabra que Jesús usó fue *catarismo*, de la cual obtenemos nuestra palabra «catarsis». Jesús dijo: «Bienaventurados los puros...». Un mejor significado de pureza significa no mezclarse o no diluir. El oro puro no tiene ninguna mezcla de otros metales. Este espíritu de lealtad indivisa permitirá que nuestro cuerpo opere según lo previsto.

Cuando Lance estuvo en tratamiento fue un tiempo de ansiedad, miedo, y sí, de esperanza. La esperanza se ha convertido en el mantra de nuestra familia, y la primera pizca de esperanza comenzó a cristalizarse a lo largo del proceso del tratamiento.

Este capítulo me hace pensar en dos palabras: «sin atajos». Lance intento tomar un «atajo» hacia la recuperación y simplemente no funcionó. Aunque Dios puede utilizar cualquier método en el proceso de recuperación de curación, estoy convencido de que la rendición de cuentas a largo plazo es la más eficaz y produce los mejores resultados de recuperación.

A lo largo de mis años como pastor, siempre había sido yo quien estaba a cargo del asesoramiento y nunca había participado en el asesoramiento personal. Los tiempos de reunión con nuestro consejero son increíblemente reveladores y útiles para salvar a nuestra familia de un enorme abismo. Se me hizo evidente que no todo el mundo ve un evento o circunstancia a través de los mismos lentes. Cada persona aporta una experiencia única a una conversación.

Nosotros encontramos que el hablar, el tiempo y muchas lágrimas causaron sanación y esperanza. El tratamiento se presenta en muchas formas hoy en día, pero estoy convencido de que un enfoque holístico hacia el tratamiento es esencial. Un buen centro de tratamiento se ocupa de la *cabeza*. Esto permite al paciente pensar con los pensamientos correctos.

Un buen centro de tratamiento también se ocupa de las *manos*. Esto permite al paciente trabajar de manera constructiva en el servicio a los demás.

Y, por último, un buen centro de tratamiento se ocupa del corazón. Esto permite al paciente ver sus situaciones desde la perspectiva de Dios.

Ningún centro de tratamiento es adecuado para todos, así que pregunten e investiguen. Las finanzas y la fe hacia la institución son vitales para elegir un centro de tratamiento.

CAPÍTULO 8

LA ORACIÓN DE LA MADRE

Cuando miro hacia atrás y recorro mi historia, el hecho de tener más y más ángulos de otras personas para ayudarme a reconstruirla con mayor plenitud, siempre me sorprende el peso que llevaba mi madre. Es una mujer increíble que sufrió en silencio a manos de su hijo sin escrúpulos, que hablaba suavemente, pero nunca se rindió ante él.

He notado esto mucho cuando he hablado, a lo largo de los años, con diferentes adictos en varias etapas de recuperación. Inevitablemente, cuando me entero de cómo son sus relaciones con sus padres, casi siempre escucho algo sobre las formas en que sus madres habían tratado de ayudar, y la fuerza que mostraban ante los terribles estragos que causa la adicción. Incluso cuando no tienen buenas relaciones con sus padres, la mayoría de las veces, todavía hablan con cariño de sus madres.

Mamá, tienes un gran impacto en tus hijos.

Así que, con esto en mente, quiero entregar este libro a mi propia madre por un momento. Le pedí que escribiera algo sobre la adicción desde la perspectiva de los padres, al igual que has estado leyendo, y ella me envió 2000 palabras increíbles que son implacables en su evaluación acerca de dónde solía estar yo, aunque también está llena de gracia y compasión. ¿Quieres saber qué está pasando en el corazón de la madre de un adicto? Aquí lo tienes...

La adicción tomó a mi hijo

Hay una tremenda y delgada cuerda floja en la que los padres luchan por caminar. Los padres trabajan para ser omniscientes para proteger a sus hijos del mal que está al acecho. Te esfuerzas por ver sus vulnerabilidades y entrenarlos para superarlas... ser fuerte cuando la tentación levanta su fea cabeza. Esto es lo que yo quería hacer desesperadamente por mis hijos. Había visto los efectos absolutamente devastadores del abuso de drogas y el alcoholismo en la familia de mi esposo: vi cómo se llevó la vida, cómo destruyó las relaciones, cómo dejó a los miembros de la familia afectados por la pobreza.

Mi esposo había cuidado a su padre (con quien nunca había vivido) mientras estaba muriendo en un asilo de ancianos con el esófago erosionado por el abuso de alcohol durante décadas. Habíamos visto tantos divorcios que era difícil recordar los nombres de los suegros. Miramos a miembros de familia que pasaban de poseer negocios y vivir en hogares agradables a rogarnos por dinero.

Era feo, y yo quería que mis hijos vieran el alcoholismo y el abuso de drogas con el rostro que verdaderamente tienen.

Como padre, traté de vivir los principios de las escrituras

establecidos en Deuteronomio 6, donde dice: «Estos mandamientos que hoy os doy deben estar en vuestros corazones. Y los repetirás a tus hijos. Habla de ellos cuando te sientes en casa y cuando camines por la calle, cuando te acuestes y cuando te levantes. Átalos como símbolos en sus manos y átalos en sus frentes. Escríbeselos en la frente. Escríbelos en los marcos de tu casa y en tu puerta».

Cuando las malas decisiones le cuestan a la gente o le quitan la vida a la gente... esa era la lección que yo enseñaba. Cuando la gente tomaba buenas decisiones y Dios los bendecía, gloriosamente ponía ese ejemplo como un trofeo delante de mis hijos. Mi esposo se aseguró de que estuviéramos rodeados de hombres y mujeres cristianos y piadosos. Teníamos misioneros, evangelistas, pastores y líderes confesionales intencionalmente en nuestro hogar para que aprendieran y con suerte los emularan. Hablé con ellos sobre lo importante que era nunca tomar esa primera bebida o experimentar con esa primera droga debido al peligroso abismo que había significado el abuso en nuestra familia. En la mesa del desayuno, cada mañana, oraba con ellos y por ellos. Busqué libros devocionales apropiados para su edad para que los leyéramos juntos, y nos memorizamos las Escrituras... Me esforcé por armarlos completamente para cuando salieran de mi nido.

Sin embargo, la adicción tomó a mi hijo.

¿Lo vi venir? Lance tenía una voluntad fuerte, increíblemente capaz, siempre el líder, siempre al frente, siempre primero... siempre empujando los límites, así que ¿lo vi venir? Supongo que me preocupaba que se metiera en algunas situaciones en las que pudiera intentar cosas y tendríamos que disciplinarlo y quitarle las riendas, pero nunca pensé que las malas decisiones alterarían por completo el curso de su vida. Yo había sido demasiado proactiva para que eso no sucediera... pero, sin embargo, lo hizo.

En el transcurso de unos meses, pasó de ser un graduado de la escuela secundaria, matriculado para la universidad en el otoño, a ser un marido y un padre adolescente. Me entere una década más tarde que había comenzado a fumar marihuana con otros su último año de la escuela secundaria y eso fue lo que condujo todo a una cadena de mal comportamiento.

¿Estaba ciega? ¿Cómo no lo vi venir? ¿Cómo sucedió esto bajo mi vigilancia, bajo mi techo...? ¿Soy la peor madre del mundo? ¿No hice lo suficiente para prepararlo para las tentaciones, no oré lo suficiente, no era lo suficientemente estricta o era demasiado estricta?, ¿no le había dado un buen vistazo a sus amigos y actividades lo suficientemente cerca? Si me permiten, les digo que estas preguntas continúan hoy comiéndome viva, para chuparme la vida. Por qué…

Porque la adicción tomó a mi hijo.

Desde que nos convertimos en profesionales en el mundo de la adicción/recuperación en los últimos años, he descubierto una nueva palabra... la palabra habilitar. Evidentemente, muchas veces la adicción al alcohol o a las drogas es el resultado de que uno o ambos padres permiten que su hijo no crezca, que se mantenga dependiendo, no aceptando la responsabilidad... en otras palabras, hacer demasiado por ellos. Así que me he autoexaminando. Me he buscado a mí misma; he meditado, y he recorrido mi alma. Mi conclusión: supongo que lo hice.

Lo que pensé que era empoderar realmente estaba siendo habilitar; lo que pensé que era dar buenos regalos a mis hijos, tal vez era mimar; lo que los empujaba a la popularidad y al éxito con un montón de actividades tal vez era mi manera de imponer mi vida sobre ellos. Todo lo que sé es esto: yo quería que tuvieran la mejor vida posible y estuvieran agradecidos; quería que fueran cristianos divinos y santos que hicieran una diferencia en su mundo; quería que respetaran la autoridad y, sobre todo, temiendo a su Dios, porque este es verdaderamente el comienzo de la sabiduría. Hice todo lo posible, fallé mucho, y me arrepiento, haría las cosas de manera diferente hoy, pero desafortunadamente no tenemos una segunda oportunidad de criar a nuestros hijos. Mis intenciones eran buenas...

Sin embargo, aun así, la adicción tomó a mi hijo. Entonces, ¿qué haces?

Intenté negármelo y me pareció increíble. Bromeo sobre haber vivido en seis estados, pero el mejor de todos ellos es el estado de negación. Durante muchos de los años en los que Lance luchó con la adicción, vivíamos a tres estados de distancia. Lo visitábamos regularmente, pero en realidad sabía poco acerca de su vida cotidiana, bajo qué presión vivía, el ritmo que mantenía. Sin embargo... había señales.

Cuando su matrimonio comenzó a desmoronarse, le echamos la culpa a que eran demasiado jóvenes cuando se casaron.

Cuando comenzó a ver a sus hijos cada vez menos, culpamos a que era demasiado doloroso.

Cuando mi hermano, su jefe, se quejaba de su comportamiento laboral, lo culpábamos de que era un jefe con excesivo celo. Cuando mi suegra nos interrogó sobre la desaparición de píldoras después de que Lance la había visitado de buenas a primeras, culpábamos su falta de memoria.

Cuando nuestra hija nos llamó llorando después de dar a luz porque Lance había estado en su baño y sus analgésicos habían desaparecido, finalmente me enfrenté a él. Se disculpó, dijo que realmente estaba luchando y solo necesitaba dormir, y yo acepté su historia... me encantaba negármelo a mí misma.

Recuerdo que, en una víspera de Año Nuevo, Lance salió a la casa de nuestra hija para «salir a dar una vuelta». Me estaba recuperando de una caída que me dejó con el cráneo roto y dolores de cabeza que me tenían debilitada. Me había caído por segunda vez como resultado de los dolores de cabeza y me fracturé el hombro y el padrastro de mi marido acababa de morir. Fui lo suficientemente consciente como para darme cuenta de que esta noche, entre todas las noches del año, era una fórmula perfecta para tomar malas decisiones, así que intenté la culpa. Recuerdo haberle dicho que no podía soportar más físicamente, así por favor no hiciera nada estúpido, a lo que él respondió: «Nunca hago nada estúpido, siempre tomo buenas decisiones». Y yo se lo creí a ciegas, le compré sus palabras como una ignorante.

Mi marido y yo sabíamos que estaba en un mal lugar. ¿Por qué no hicimos algo? Eso me perseguirá para siempre. Tenemos tan poco carácter. No queríamos creer que este fuera nuestro hijo y que esto nos estuviera pasando a nosotros.

Siento tanta compasión y empatía por los padres que, como nosotros, están luchando con niños *adultos* que toman estas decisiones.

¿A qué te dedicas? ¿Qué *puedes* hacer? Debimos haber sido más confrontativos, deberíamos haber intervenido, deberíamos haber intervenido y conseguido la ayuda... sin embargo, nos quedamos en negación hasta que ese mismo jefe con demasiado celo, mi hermano, intervino y dijo «Esto se termina hoy».

Lo que debimos haber hecho, se lo dejamos a otra persona. Me he disculpado repetidamente con Lance por esto, y lo seguiré haciendo por el resto de mi vida. Sabíamos... Vivíamos en negación. La Biblia relata la historia de Deborah en Jueces 4-5. Cuando los tiempos habían sido duros en Israel, la Biblia dice: «Deborah, una madre en Israel se levantó». Debería haber sido Deborah, debería haberme levantado y confrontado el problema de frente, pero elegí vivir día tras día en la negación.

¿Habría funcionado si hubiera estado a la altura de las circunstancias? Solo Dios sabe si el momento habría sido el correcto. Creo que hay momentos en los que un padre no puede hacer demasiado y tiene que dejar que el adicto toque fondo. Creo que Dios hizo eso con Israel en numerosas ocasiones hasta que decidieron buscarlo arrepentidos.

Recuerdo que mi esposo y yo nos mudamos a Oklahoma después de cinco años en Tennessee, donde él estaba en sus tareas de pastor. Había muchas razones para que Wendell y yo decidiéramos volver, pero una grande era la espiral descendente y el efecto negativo que estaba teniendo en nuestros nietos. Queríamos estar cerca de la situación y Lance se negó a dejarnos.

Recuerdo una dolorosa llamada que le hice diciéndole que tenía a sus hijos en mi casa y pidiéndole que viniera. Le dije que habían pasado cinco semanas desde que cualquiera de nosotros lo hubiese visto, a lo que respondió, «¿Cuándo me vas a dejar en paz? Yo te llamaré cuando esté listo». Recuerdo haberle dicho a mi esposo: «Bien, eso es todo. Lo voy a dejar en paz».

Pero en realidad, no lo dejé en paz, porque esa declaración me llevó a la oración más desesperada que he rezado.

¡Tengo que admitir que estaba *demasiado* enojada con Dios! Le grité mientras le relataba mi historia. «Dios, te he creído cuando dijiste que si entrenas a un niño en el camino por el que debe ir, cuando sea viejo no se apartará de él. Dios, lo tuve en la iglesia, traté de vivirlo en casa, hice todas las cosas correctas…» y así sucesivamente.

¿Por qué, Dios? ¿Por qué atrapó a mi hijo?

Tuve que venir al lugar como Job en Job 13:15. Job, el justo, sin culpa estaba sufriendo injustamente y tenía todo el derecho de estar enojado con Dios, sin embargo, *optó por* decir, «Aunque me mates, confiaré en ti». Tuve que venir al lugar donde mi fe se apoderó y creí de nuevo lo que la Palabra de Dios dijo en Génesis 50:20, que lo que el enemigo intentaba para el mal, Dios lo haría y podría usar para el bien. Empecé a orar, «Dios, lo que sea necesario... llévame si eso cambia a mi hijo. Estoy dispuesta a morir si eso le llama la atención a mi hijo. Dios, te glorificaré; Dios, nosotros te daremos todo el reconocimiento, honor y alabanza si nos devuelves a nuestro hijo. Dios, por favor, permítele otra oportunidad de servirte, de ser un hombre piadoso, de ser un padre piadoso, de proclamar tu mensaje de redención y restauración».

¡Y alabado sea el Señor, Dios tiene a nuestro hijo! Por

favor, no creas que estoy siendo una optimista.

Conozco a muchas personas que tienen historias de vida similares que terminan drásticamente de manera diferente, que terminan trágicamente.

Mi corazón se rompe por ti.

Sé que tus pensamientos son más altos que nuestros pensamientos, y tus propósitos son más altos que nuestros propósitos. Sé que ahora vivimos en parte, pero un día lo sabremos plenamente (I Corintios 13:9). Sé que nos ama y su paz es una paz que sobrepasa todo entendimiento (Filipenses 4:7). Y sé que puede tomar nuestros conflictos y hacer un mensaje para el bien de Su Reino. Sé que puede restaurar los años que la langosta ha comido (Joel 2:25).

En nuestra familia, Dios está restaurando los años robados en la vida de nuestros nietos; Dios está restaurando los años robados en la relación de nuestros hijos; Dios está restaurando los años robados en nuestra relación con Lance; y Dios está restaurando los años robados de un testimonio desperdiciado y lo está haciendo de una manera tan enorme. Dios es capaz de hacer en extremo, abundantemente sobre todo lo que podríamos pedir o pensar de acuerdo con el poder que obra en nosotros (Efesios 3:20).

La oración de una madre

¡Ay! ¿Puedes creer a esa mujer? ¿Entiendes por qué amo tanto a mi mamá? Estoy tan agradecido de que Dios nos haya juntado a ambos a través de mi lío, todo el camino hasta llegar a este lugar donde tenemos una gran relación basada en la sanación que Dios nos ha entregado. ¡Tanto es así, que está escribiendo partes de este libro!

La cosa es: todo el tiempo que estuve consumiendo drogas, sabía que mi mamá estaba orando por mí. A pesar de que estaba tan concentrado internamente que apenas podía ver mi propia nariz, todavía así me las arreglé para vislumbrar de vez en cuando el dolor que estaba causando a mis padres. Sabía que mi mamá estaba orando por mí porque lo veía en sus ojos. La vi desmoronarse lentamente con cada pastilla que tomé, con cada mala decisión, con cada ocasión en que no me presenté a una reunión familiar, o al dejar que mi teléfono sonara en lugar de hablar con ella.

Cuando *sí contestaba* el teléfono, ella me suplicaba. Siempre intentaba convencerme o citarme las escrituras de la Biblia, pero en todo momento sus palabras caían en oídos sordos. No estaba en posición de oír su llanto.

Pero Dios lo fue. Ella oró por mí constantemente durante los diez años de mi calvario, dándole forma a todos los pensamientos posibles y a cada frase que se le vino a la cabeza. Combinó todo tipo de palabras en una oración, todo sobre el mismo tema: Dios, por favor, salva a mi hijo.

Eventualmente, sin embargo, mi mamá tomó un camino diferente en sus oraciones, y creo que es algo que merece que consideres si estás en la misma situación en la que ella estaba, amar a una persona que simplemente no puede librarse de su adicción. Su oración se volvió más elemental, pero la inclinación era diferente a cualquier cosa que hubiese orado antes:

«Dios, por favor, haz lo que sea necesario para ayudar a Lance a encontrar una relación contigo». ¿Y sabes qué? Lo hizo.

Lo que me encanta de esta oración es que cualquier madre puede orarla. O padre, si fuere el caso. O cualquier ser querido o cualquier persona que se preocupe por otra. ¡Cambia mi nombre por el de ellos y ya estás en camino!

«Dios, por favor, haz lo que sea necesario para ayudar a ______________________ a encontrar una relación contigo».

Sin embargo, es una oración arriesgada, porque tienes que decirlo en serio. En el momento en que empiezas a considerar las implicaciones de esa oración, tiendes a querer recuperarla. Es la parte lo que sea. Ese pensamiento puede ser bastante aterrador, pero también es muy necesario. El adicto que simplemente llegó a recobrar sus sentidos un día y dejó atrás su adicción es extremadamente raro (y posiblemente no existe, sé que nunca he conocido a uno).

Por lo tanto, si están mirando a un ser querido que está lejos de Dios y cerca de una adicción, me gustaría animarlos a ser lo suficientemente valientes para orar esta oración por ellos. Mamás, puede ser difícil, lo sé, pero Dios ama a tu hijo aun más que tú. Tienes que atreverte a dejarlo en sus manos.

Entrevista con otros adictos: Austin

¿Te gustaría que el mundo supiera tu nombre? Si es así, ¿Cuál es?

Mi nombre es Austin.

¿De qué manera trataron de ayudarte tus padres o cónyuge para dejar de usar drogas?

Al principio, mi familia simplemente trató de asumir que mi adicción no era tan mala como parecía. La clásica negación.

A medida que pasó el tiempo (y las consecuencias relacionadas con la enfermedad aumentaron), ellos recurrieron de mala gana a un programa de doce pasos para las familias de alcohólicos/adictos. Esto resultó ser una decisión que alteró la familia para todos nosotros. A partir de este momento, dejaron de habilitarme.

¿Cuánta veces crees que pensaste en dejar de fumar?

Docenas de veces. No estoy bromeando: ¡reconocí que algo me pasaba desde los 14 años! Y en realidad intenté parar a esa edad. Pasaba por breves períodos de no consumir (no los llamaría verdaderamente sobriedad), pero siempre volví a la oscuridad. Y cada vez que lo hacía, perseguía las drogas más fuertes de lo que jamás creía posible.

¿Qué te impedía renunciar?

Miedo, amistades tóxicas, el no creer en un hogar de transición, no ser capaz de admitir plenamente mi impotencia ni la ingobernabilidad de mi vida, y, en última instancia, creer que Dios estaba tratando de atraparme. Mirando hacia atrás, no tenía ninguna posibilidad de éxito con estos factores sin una revisión importante.

Obviamente, llegaste al punto más bajo en algún momento. ¿Cuál fue la gota que derramó el vaso?

Tuve una recaída muy difícil que fue pública y muy peligrosa. Después de esta recaída, me enviaron a rehabilitación. Recaí en esa rehabilitación, y posteriormente también en el hogar de transición. Después de llegar a comprender que había perdido todo el control de mi alcoholismo y mi entrega a las drogas, llegué a la dura conclusión de que este mundo estaría mejor sin mí.

Pensé mucho en quitarme la vida. Sin embargo, recuerdo claramente una sensación tranquilizadora que me hacía sentir que todo iba a estar bien. Solo necesitaba dejar de intentar luchar solo contra este desafío colosal.

Finalmente, elegí buscar ayuda con un espíritu dispuesto y encontré sobriedad a través de un programa de transición. Este agosto cumplo 12 años sobrio; si Dios quiere.

¿Sabes si uno de tus seres queridos oró por ti mientras tú estabas consumiendo drogas?

No hay duda de que mi mamá lo hizo. Mi mamá cree en la oración tanto como cualquier otra mamá que yo haya conocido.

¡Ella todavía, hasta el día de hoy, reúne a sus «guerreros de oración»!

Entrevista con otros adictos: Jake H.

¿De qué manera trataron de ayudarte tus padres o cónyuge a dejar de consumir drogas?

Mi primer arresto fue a los 16 años. Mi mamá llamó a la policía, cuando estábamos fumando marihuana en su casa. Mi mamá me cambió de escuela secundaria tres veces, y me envió a la casa de mi padre los veranos. Vi terapeutas. Mis llamadas telefónicas eran grabadas (cuando solo había teléfonos fijos). Me quitaban la puerta de mi habitación sacando incluso las bisagras. Me mostraron de todo, desde el amor duro hasta la actitud de déjalo-hacer lo que quiera. Nada de lo que mi familia hizo funcionó, excepto cuando me sacaron de su vida por completo, y me dieron una opción... mantenerme alejado u obtener ayuda (y con ayuda, me refiero a tratamiento).

¿Cuántas veces crees que pensaste en dejar de fumar?

Consumí drogas y alcohol durante trece años. No fue hasta los últimos cinco años de consumo cuando pensé en dejar de fumar. Pero solo por un breve momento.

¿Qué te impidió renunciar?

Siempre me dije a mí mismo que si era capaz de pagar mis cuentas y vivir una vida cómoda, entonces no había razón para dejar de consumir drogas. Si mi vida no se veía afectada de manera negativa por mi consumo de alcohol o drogas, entonces yo no veía cuál era el problema. Esa delgada línea entre negativo y neutral/positivo se difuminó cada vez más a medida que la enfermedad progresaba. Las cosas que me dije a mí mismo que nunca iba hacer cuando estaba en la primera etapa de mi adicción, ahora eran cosas que hacía todos los días sin pensarlo dos veces.

Obviamente encontraste el punto más bajo en algún momento. ¿Cómo sucedió eso?

Mi familia no quería que formara parte de sus vidas hasta que recibiera ayuda. No tenía ningún tipo de relación con mi familia. Perdí mi apartamento, mi trabajo, mi auto, mi dinero. Mi salud se desvaneció. Estaba muy cerca de perder mi libertad. Perdí mi autoestima. Solo quería morir, pero no pude reunir la voluntad para apretar el gatillo.

¿Sabes si un ser querido oró por ti mientras estabas consumiendo drogas? ¿Cómo lo sabes?

¡Absolutamente! Mi mamá oraba por mí todo el tiempo. Lo sé, porque ella me lo dijo. Siempre me decía que ella oraba por mí, para que yo hiciera algo diferente, que estaba loco por hacer lo mismo una y otra vez esperando un resultado diferente (¡Esto fue antes de que yo supiera que este era un dicho en AA!). Me decía que intentara algo diferente, y que orara al respecto.

Cuando decidí seguir el consejo de mi madre y oré, mi vida cambió drásticamente. Mi oración fue contestada, pero no realmente en la forma en que pensé que lo iba a ser. Yo pensé que nada más iba a despertar y que todo iba a estar bien. No fue así, pero en aproximadamente uno a dos meses, lo perdí todo y no tuve más remedio que ir a tratamiento.

Entrevista con otros adictos: el hijo adicto de un adicto

¿De qué manera trataron tus padres o cónyuge de ayudarte a dejar de consumir drogas?

Mis padres trataron de ayudarme a dejar de fumar muchas veces. Mi padre intentaba que fuera a reuniones de AA con él cuando llevaba sobrio cinco años [antes de que yo lo hiciera], sin embargo, yo no estaba dispuesto. Además, trató de conectarme con la gente en recuperación. Yo me negaba al hecho de que tenía una enfermedad, a escuchar a mi padre y a aquellos que trataron de ayudarme.

¿Cuántas veces crees que pensaste en dejar de fumar?

Pensé en dejar de fumar cientos de veces. Intenté beber o

cambiar de una sustancia a otra en vano. No importa cuántas veces intenté desintoxicarme por mi cuenta, nunca funcionó.

¿Qué te impidió renunciar?

Mi falta de voluntad para admitir que yo no tenía poder y el hecho de no entregar mi voluntad a Dios me impidió renunciar. Yo estaba atrapado en mi propia voluntad e insistía en hacer las cosas a mi manera. No importa lo que intenté hacer y cómo traté de hacerlo, mi manera simplemente nunca funcionó.

¿Cuál es la historia de cómo llegaste hasta el punto más bajo?

Uno pensaría que ser arrestado y acusado de posesión de drogas con intención de distribuir sería mi punto más bajo o algo cercano a él. Sin embargo, seguí bebiendo y consumiendo drogas durante los siguientes dos años.

Cuando llegué a mi punto más bajo yo ya estaba en bancarrota y con una gran cantidad de deudas, la chica con la que salía ya no me hablaba, mi familia había perdido toda la confianza en mí, y yo sentía que había perdido toda esperanza.

Un viejo amigo le había contado a mi hermana sobre la gravedad de mi consumo de drogas y mi hermana le dijo a mi padre, así que él, mi hermana y mi abuela planearon una intervención. Fue muy emotiva. Yo estaba muy enfadado con mi padre y desconsolado al ver a mi hermana y a mi abuela llorando mientras me decían cuánto me amaban y cómo detestaban a la persona en la que me había convertido. Finalmente estaba en el punto más bajo y dispuesto a hacer lo que fuera para recuperar mi vida. Ese día me iba a desintoxicar y luego a entrar a tratamiento.

¿Sabes si algún ser querido oró por ti mientras tú salías a consumir drogas?

Mi mamá oraba constantemente por mí. Ella estaba preocupada y no sabía si yo viviría o no para ver el siguiente día. A menudo me decía que estaba orando para que yo encontrara la paz en mi vida. No creo que yo estuviera donde estoy hoy si no fuera por la oración continua de mi mamá.

CAPÍTULO 9

¿ALGUNA VEZ ESTARÁN COMPLETAMENTE CURADOS?

Una cosa que la mayoría de los adictos —y sus seres queridos— quieren saber es esto: ¿seré así el resto de mi vida?

Un día estaba almorzando con un amigo, y mi amigo nunca ha sido adicto, nunca. Es un bebedor casual que se toma una cerveza de vez en cuando, y le gusta pedir cervezas artesanales especiales cuando sale a comer. Ahora, por respeto a mí y a mi pasado, nunca ha pedido una cerveza cuando cenamos juntos (¡aunque me di cuenta de que quería hacerlo!), pero durante este almuerzo, la conversación se volvió hacia mi pasado.

«¿Has bebido mucha cerveza?», preguntó. «Oh sí», le dije.

«Oh, pensé que la cerveza era demasiado suave para al alguien que usa cosas más fuertes como tú».

«No, me encantaba la cerveza también», le dije.

Luego se puso pensativo por un momento. «¿Llegarás alguna vez a un punto de tu sobriedad donde puedas disfrutar de una cerveza con tu cena?».

Lo miré a los ojos y sacudí la cabeza. No lo dije con orgullo, pero tampoco avergonzado. Solo, sin palabras, nada más expresando la realidad.

«Hombre», dijo, desconectado y considerando lo que eso significaría para alguien como él.

«Eso es solo parte de la enfermedad», le dije. Y entonces probablemente empezamos a hablar de películas, no porque se pusiera incómodo, sino porque eso es algo de lo que a los dos nos encanta hablar.

Mi amigo es un buen tipo que entiende completamente la naturaleza de la adicción, pero sin embargo hasta a él se le olvidó temporalmente el viejo dicho: «una vez adicto, siempre adicto».

Y para aquellos que quieren escuchar que su ser querido adicto será curado, estas afirmaciones pueden resultar un golpe devastador para su espíritu.

Pero es verdad. La adicción no es como un hueso roto o una mordida de serpiente; algo de lo que puedes recuperarte completamente y volver a tu negocio como si nada hubiera pasado.

No, la adicción es mucho más como la diabetes o enfermedades del corazón, es una dolencia crónica que requiere un cambio de estilo de vida completo y permanente. Si tú tienes diabetes, sabes que tienes que prestar atención a la cantidad de azúcares que tomas, y solo hay algunos alimentos permitidos que están fuera del menú. Lo mismo sucede con las enfermedades cardíacas: si has tenido un baipás cuádruple, sabes que ya comiste tocino por última vez. En ambos casos, debes estar atento, día tras día, para preservar tu salud.

Lo mismo ocurre con la adicción y la recuperación. Esto no es un proceso temporal; la recuperación es un viaje de por vida. Una vez que la adicción te afecta, vives con ella para siempre. Se convierte en la pata coja en tu caminar, siempre presente, nunca más fuera de ti. Pero la esperanza que tengo para el ser querido en tu vida —y para ti— es que vivan ambos en el lado correcto de la recuperación mientras estés respirando en este planeta.

Sal de tu cáscara

No sé cómo surgió la frase «caminar sobre cáscaras de huevo». No sé qué significa exactamente, o a qué cosa histórica está haciendo referencia. Lo que sí sé es esto: lo escucho mucho, especialmente de mamás y papás, cónyuges, hermanos y otros amigos y familiares de adictos.

Me reúno con los seres queridos de un adicto durante las primeras etapas de la recuperación, e inevitablemente uno de ellos siempre me dice, «Siento que tengo que caminar sobre cáscaras de huevo a su alrededor». Lo que significan, y lo que probablemente has querido decir si has dicho lo mismo, es que estás preocupado. Estás viviendo con el miedo constante de que todo lo que digas o hagas pueda ser tomado de la manera equivocada, y entonces se salgan por la puerta y vuelvan a recaer.

Tiene sentido. Después de todo, no somos las persona más estables emocionalmente y racionales mientras estamos usando drogas. Te han entrenado para que no creas en nuestro comportamiento, y te entrenaron bien.

Entonces, ¿qué puedes hacer?

En primer lugar, darte cuenta de que su sobriedad es *su responsabilidad*, no la tuya.

Una de las cosas que están aprendiendo es a hacerse responsables de sus decisiones, que es algo que no habían hecho en el pasado (y la razón por la que somos tan irracionales y malhumorados). Es nuevo para ellos, así que va a ser un poco molesto y, al igual que un niño pequeño se cae más que lo que camina al principio, les va a tomar un tiempo acostumbrarse a la vida sobria.

¡Está bien! Aun así, puedes ser amable y cariñoso sin ensuciar tu vida con cáscaras de huevo.

La otra cosa que definitivamente necesitas en tu vida es un grupo de apoyo positivo a tu alrededor. Necesitas conectarte con otras personas que han pasado o están pasando por el mismo calvario que tú, y que pueden brindarte aliento durante este tiempo. Y un bono extra de característica: *¡Tú llegas a apoyarlos, también!* ¡Es ganar-ganar!

Al igual que los adictos necesitan otros adictos para apoyarse y decir, «Entiendo: yo he estado ahí», ustedes también necesitan que otros miembros de familia, cónyuges, hermanos o padres digan lo mismo. No vas a creer los tremendos beneficios emocionales y físicos que obtendrás al interactuar regularmente con otros miembros de familia en tu situación. No puedo animarte lo suficiente para que encuentres un programa y sigas con él (de hecho, hablaremos sobre esto más adelante). No dejes que nada te impida hacer esto. No, por cierto, tu orgullo, o el miedo que puedas sentir, o el decirte a ti mismo que realmente no lo necesitas. Nada de eso.

Necesitas un grupo de apoyo. ¡Únete a uno!

¿El camino correcto?

¿Alguna vez has oído esa vieja historia sobre la mujer recién casada que recortaba los extremos de un asado antes de ponerlo en el horno? Después de varias veces, su nuevo marido, curioso por la metodología y queriendo saber más sobre esta fascinante peculiaridad de su esposa, le preguntó por qué lo hacía.

«No lo sé», dijo ella. «Eso es justo lo que mi madre siempre hacía».

Con curiosidad, la esposa llamó a su madre para averiguar *por qué* siempre había recortado los extremos del asado antes de ponerlo en el horno. Y, añadiendo al misterio, la madre dijo: «Sabes, no lo sé. Es justo lo que siempre vi hacer a *mi* madre».

Como puedes imaginar, la siguiente llamada fue a la abuela, y el misterio fue resuelto.

«Oh», dijo la abuela, «nuestro horno era tan pequeño, que ¡recortar los extremos del asado era la única manera de que pudiera entrar en el horno!

A veces pensamos que las cosas se están haciendo «de la manera correcta» solo porque eso es todo lo que sabemos. Es muy fácil decir, «nosotros lo hicimos y funcionó para mí, por lo tanto, funcionará para todos». Y eso puede ser cierto con algunas cosas, pero te puedo decir convencido:

La adicción no funciona así.

No hay *una sola* manera de encontrar y mantener la sobriedad. Tómalo de alguien que ha visitado docenas de instalaciones, hablado con consejeros de todo el país, y que ha vivido con hombres que representan diez centros de tratamiento diferentes: por cada centro de tratamiento que hace las cosas de una manera, hay otros diez que hacen las cosas *de otras* diez diferentes maneras.

Dios hizo que cada uno de nosotros fuéramos únicos, y a la misma vez así hay un montón de maneras diferentes de obtener la sobriedad que todos deseamos.

Dicho esto, creo que, si bien la sobriedad se puede lograr y mantener de muchas maneras diferentes y específicas, también creo que millones de personas han mantenido sobriedad utilizando *generalmente* el mismo método. Es el método defendido por Alcohólicos Anónimos.

En caso de que no sepas la historia detrás de AA y cómo llegó a fundarse, es bastante increíble y algo que en definitiva deberías seguir leyendo. Hay varios libros escritos sobre el programa, sobre sus fundadores y sobre los fundamentos espirituales que tiene todo el proceso, y los animo a buscarlos y leer sobre él: ¡creo que encontrarás esperanza dentro de la historia de AA!

He visto el método general de AA ser usado en la vida de muchos, muchos adictos diferentes, y lo he visto dar fruto casi siempre (digo «casi» porque inevitablemente hay adictos que no están listos para dejar su adicción todavía y que se dan por vencidos antes de trabajar todo el programa). Básicamente, hay cinco sugerencias para ayudar a un adicto a comenzar a llevar una vida saludable junto con su enfermedad. ¡Así que sugiero que cuando tu ser querido salga del tratamiento o esté en la etapa temprana de la sobriedad te asegures de que esté siguiendo estas *sugerencias*!

1) 90 en 90

La primera sugerencia es tomarse muy en serio los primeros 90 días. La forma en que el adicto muestra que está haciendo esto es asistiendo a 90 reuniones dentro de esos primeros 90 días.

Sí, realmente dije eso. No puedo decirles lo bueno que es esto, fue poderoso cuando lo hice, y sigue siendo poderoso cuando veo a otras personas hacerlo. Este es un gran primer paso para hacer que tu mente esté bien y acostumbrar a tu cuerpo a la disciplina y la estructura organizada de llegar a la reunión, participar y volver a casa.

2) Ponle una tapa a la jarra

Esta frase es una especie de pan-comido, pero es solo una manera atrayente de decir que es hora de dejar de consumir drogas. Las drogas y el alcohol ya no están en el menú para el adicto, y eso comienza ahora mismo. Si tú eres un bebedor casual como el amigo que mencioné al principio de este capítulo, podrías considerar mostrar apoyo a tu ser querido poniendo una tapa a tu propia jarra. La solidaridad es un gran motivador.

3) Encontrar un patrocinador

No puedo decirte lo invaluable que ha sido mi patrocinador para mí, especialmente las primeras veces, cuando estaba saliendo de mis costuras mentales con el deseo de ir a hacer algo estúpido. Los patrocinadores (los llamamos «socios de esperanza» por aquí) son personas que han estado donde el adicto ha estado, y que desde entonces han encontrado su camino a la sobriedad a largo plazo. Son una fuente de sabiduría, sí, pero más que eso, son un oído dispuesto a escuchar que *siempre* estará ahí para el adicto, sin importar la hora del día.

Tal vez tú te estés preguntando si tú, como ser querido del adicto, puedes ser un patrocinador. Mi recomendación es que *no* lo intentes. Rara vez funciona y puede tender a hacer la relación más tensa. En vez de eso, solo sé un campeón para ellos.

4) Trabajar los «pasos»

Esta es otra de esas cosas que suena muy obvia, pero en realidad puede hacer tropezar a la gente. Hay doce pasos para la recuperación; solo tienes que trabajar con ellos. Sé que suena simple —y lo es, pero te sorprendería lo *duro* que puede ser trabajar esos pasos. Ten sutileza con tu ser querido mientras transita por este proceso emocionalmente agotador, y anímalo a continuar con él.

Algunos programas como Celebrar Recuperación tienen «estudios de pasos» que están abiertos para cualquier persona; tú mismo puedes considerar pasar por uno de estos. Te sorprendería lo que podrías aprender sobre ti mismo; ¡incluso puedes encontrar algunas maneras en que los pasos pueden ayudar a mantenerte saludable en tu propia vida!

5) Lee las primeras 164 páginas del libro grande

AA tiene un Libro Grande.

Es realmente eso: un gran libro, escrito por el fundador de AA, Bill W., detallando todos los pasos, además de un montón de otras cosas. Es un gran recurso, y es en muchos sentidos un texto que forma históricamente el cambió de nuestra nación y las formas en que pensamos sobre el alcoholismo. Las primeras 164 páginas cubren las bases fundamentales de la recuperación y son, personalmente, muy inspiradoras para mí.

¿Qué de la recaída?

Si estoy verdaderamente siendo honesto en este libro, entonces tengo que ser honesto aquí: la recaída forma parte de las historias de muchas personas.

Me encantaría decirte que una vez que tu ser querido encuentre sobriedad nunca recaerá más, pero no estaría diciendo la verdad. Sin embargo, no me malinterpretes: ¡es totalmente posible que lo hagan! Eso es por lo que oramos siempre, pero estadísticamente, tienen, en el mejor de los casos, una probabilidad 50/50 de mantener su recuperación.

Sin embargo, hay algunas maneras en que puedes ayudar a poner en juego esas probabilidades a tu favor: un hogar de vida sobria (como lo que tenemos a través de Hope Is Alive) puede tener un gran impacto; asesoramiento continuo más allá del centro de tratamiento residencial es prácticamente una necesidad; y seguir asistiendo a las reuniones es una manera perfecta de mantenerse alerta.

Pero sí diré esto: la parte más importante de mi propia sobriedad ha sido mantener una fuerte conexión con mi fe. Mi historia tiene muchos giros y vueltas, pero Jesús, al final, es la única razón por la que he podido mantenerme sobrio desde el primer día. Si alguna vez pierdo mi dependencia total de Él, estoy derrotado.

Cuando comienza realmente la recaída

Hace poco escuché a alguien decir, «Todo el mundo tiene que recaer, pero nadie tiene que tomar otra copa o hacer otra droga». Mientras más reflexiono sobre esto, más le encuentro el sentido común, pero no solo para los «adictos» aquí o allá, sino también para la población en general.

Sé que *la recaída* puede ser una palabra muy temida, y lleva consigo muchas connotaciones negativas, así que vamos a establecer una definición antes de que avancemos más. Creo que *la recaída* se define como: «Cuando, después de un período de abstinencia, una persona vuelve a participar en una actividad que es dolorosa para sí misma o para los demás».

Recaída, retroceso, contratiempos, regresión, volver a caer en el uso de sustancias... no importa cómo lo llames o específicamente de qué estés hablando. El punto es que *ninguno de nosotros es perfecto* y todos tenemos *momentos* de recaída con nuestros pensamientos, el hablar, o incluso con nuestras acciones. Lo cosa importante en la que debes enfocarte es en cómo le hiciste para reconocer lo que estabas haciendo y corregir tu comportamiento para, con suerte, detener que tomes esa bebida, «borracheras», «visitar esa página de internet» o hacer lo que sea que estás tratando de no hacer.

En contra de la opinión popular, las recaídas no comienzan cuando una persona decide empezar a consumir de nuevo. Es un largo proceso de regresar lentamente de nuevo a comportamientos, prácticas o actitudes antiguas. La recaída realmente comienza...

En el momento en que empiezan a evitar las responsabilidades.

Las veces que faltan a las reuniones porque están «cansados».

Los días que prenden el canal de televisión gratis del programa de HBO que saben no deberían ver.

Las noches que ignoran las llamadas telefónicas de su patrocinador.

Los fines de semana que faltan al trabajo de servicio al que solían estar comprometidos.

Los momentos en que caen en pensamientos negativos.

Los tramos de tiempo entre su trabajo de pasos de recuperación.

Los días en los que no se arrodillan en oración.

Los instantes en los que entierran sus secretos para que nunca vean la luz del día.

La recaída es un período de tiempo dinámico. Sus comienzos están misteriosamente camuflados, y sus finales son a menudo tragedias públicas. La recaída puede infiltrarse en las personas en sus puntos y momentos más débiles, y atraerlos a tendencias desafortunadas que conducen a malas opciones, lo que conduce a un trago, líneas, clics, y más.

Pero no tiene que ser así. Cuantos más los adictos sepan de sí mismos, más posibilidades tendrán de pararse cuando se encuentren en el acto de comportamientos de recaídas *antes* de que caigan en el acto de recaer en sí.

A continuación, les presento las cuatro áreas más comunes de una *recaída*. Estos son elementos de nuestras vidas que nos ayudan a los adictos a medir rápidamente cómo estamos viviendo, y cuán activamente estamos persiguiendo nuestra elección de mantenernos abstemios. Al igual que un barómetro, el adicto puede medirse a sí mismo en estas categorías; pero no significa nada a menos que sean honestos con ellos mismos.

Repasa esta lista de posibles preguntas sobre recaídas y presta atención a tus respuestas.

Área 1: Relaciones

Comprueba tu relación con Dios. ¿Estás buscando a conciencia una relación con Dios todos los días? ¿Estás escondiendo resentimientos contra Dios? ¿Te encuentras enojado con Dios?

¿Cuánto te quieres hoy? Esto siempre será evidente en tu cuidado personal. ¿Estás descansando? ¿Estás haciendo ejercicio? ¿Estás tomando tiempo para ti? ¿Te perdonas cuando cometes errores?

Cuando estamos usando y abusando de drogas y otras sustancias, en promedio, lastimamos a otras 21 personas.

¿Estás lastimando a los demás otra vez? ¿Eres consciente cuando lastimas a alguien más? ¿Estás haciendo las paces?

Área 2: Honestidad

¿Estás siendo completamente honesto con Dios, contigo mismo y con los demás?

¿Has fallado recientemente en decir toda la verdad?

¿Hay alguien con quien debas ser honesto?

¿Tienes secretos?

Área 3: Delirios y negaciones

¿Estás empezando a negociar contigo mismo el hacer cosas que no has estado haciendo o sabes que no deberías hacer?

¿Estás criticando a los demás?

¿Estás pensando mal de los demás? ¿Eres criticón?

Área 4: Abandonando disciplinas diarias

¿Estás justificando faltas a reuniones, lecturas diarias, ir a la iglesia o a eventos familiares?

¿Estás procrastinando con los pasos de trabajo o al no llamar a tu patrocinador?

¿Estás evitando rendición de cuentas?

Si mientras el adicto a quien amas en tu vida lee estos puntos, mueve su cabeza con un «Sí» más a menudo que para decir «No», entonces ten cuidado: está en la *Zona de Peligro* de Kenny Loggins.

Eso no significa que sea el fin del mundo y el cierre definitivo de la sobriedad de tu ser querido, es bueno que hable con alguien que se preocupe por ellos (¡tú, tal vez!). *Todos* estamos a solo dos opciones de recaer en contra de nosotros mismos y el hecho de ser honestos con los demás nos mantiene en donde debemos estar.

Finalmente, la recaída no es una gran decisión que hacemos para beber, drogar, o ver porno. Son las cien pequeñas decisiones diarias de hacer las cosas incorrectas durante un período de tiempo, lo que conduce a esa gran elección. Pero la gran noticia es que es posible evitar la recaída al igual que se puede encontrar la sobriedad: tomando la decisión diaria de hacer lo siguiente en cada situación.

Tres señales de que la recaída está en camino

Cuando se trata de una recaída, hay una gran diferencia

entre alguien que está en una temprana etapa en su sobriedad y aquellos que llevan unas pocas semanas, meses, o años bajo su cinturón. Nadie es inmune a la recaída, «un día a la vez» — y todo eso—, pero al igual que un bebé recién nacido tiene más posibilidades de contraer un resfriado que un adolescente sano, aquellos que son nuevos en la sobriedad corren un riesgo más significativo de recaer.

Cuando tú estás aprendiendo a vivir sobrio, cada día es una rutina, y cada día presenta enormes obstáculos que superar con el fin de mantenerse limpio. El más pequeño de los desacuerdos, comentarios, o cambios de clima pueden enviar a alguien directamente de vuelta a sus viejas costumbres.

Así que tú puedes estar preguntándote si: ¿hay alguna manera de que puedas detectar una potencial recaída antes de que realmente ocurra? Ciertamente, así pasa, ¡sí! Como he trabajado con diferentes adictos a lo largo de los años, he llegado a notar tres señales principales de que una persona en la etapa temprana de la sobriedad dirija sus pasos hacia el destino que quieren evitar.

Comienzan a pensar que ellos son verdaderamente especiales

Permítanme decir esto: todos somos especiales ante los ojos de Dios. Tú. Tu ser querido adicto lo es. Realmente espero que me escuches en esto para que nadie me malinterprete o se lastime. Todos somos creaciones hermosas y únicas, creadas a propósito para hacer lo que solo cada uno de nosotros puede hacer.

Pero cuando se trata de la recuperación de un adicto,

necesitan escucharme fuerte y claro: «¡NO ERES ESPECIAL!».

Aquellos que están en la etapa temprana de la sobriedad simplemente no pueden salir y hacer lo que quieren y esperar que funcione. Hay una razón por la que terminaron en donde lo hicieron: ¡porque su camino no funcionó! Necesitan acostumbrarse a hacer las cosas de una manera nueva; una manera que muchos otros han descubierto.

¿Ves?, hay una solución a los problemas que los que están recuperándose de la adicción encuentran, y esa solución ha funcionado para millones y millones de otras personas. ¡Te lleva a una vida llena de propósito, pasión y alegría! Es una gran vida, pero nadie llega allí pensando que son inmunes a las reglas, o que pueden encontrar su propio camino hacia allí.

Adictos: no puedes arrastrar tu antigua vida a esta nueva; tiene que quedarse atrás, donde la dejaste, para que puedas empezar a seguir lo que ha funcionado para los demás.

Empiezan una relación

¿Sabes cuál es la causa número uno de las recaídas? Las relaciones amorosas. Son el mayor problema entre las personas que se encuentran al comienzo de la recuperación.

¿Por qué? Porque los adictos que apenas comienzan a estar sobrios no son lo suficientemente estables emocionalmente para manejar los rigores de las relaciones.

Las relaciones buenas, saludables y duraderas toman mucho trabajo, y en las primeras etapas de tu sobriedad tu enfoque debe estar en ti, no en nadie más. Es por eso por lo que me suscribo plenamente a esta sugerencia de recuperación que está probada y verdaderamente funciona: no puede haber relaciones amorosas con nadie durante todo el primer año de tu sobriedad.

Ahora, a la mayoría de las personas con las que trabajo no les gusta esta regla, pero esto es lo que he venido a averiguar. Los hombres y mujeres que realmente quieren mantenerse limpios harán lo que se ha demostrado que funciona para otras personas, mientras que otras personas que realmente no lo quieren creer pensarán que son especiales (ve la señal anterior, en caso de que se te haya olvidado durante los últimos párrafos) y saltarán a empezar una nueva relación.

Mira, las relaciones son emocionalmente exigentes y requieren esfuerzo y un poco de trabajo duro, ¡y es cuando estás sobrio! Los adictos no deben complicar su temprana sobriedad tratando de navegar con su futuro cónyuge en una reunión de AA. Simplemente no funcionará y es una muy mala idea.

Se rehúsan a decirle a nadie que están sobrios

Esto es casi una garantía para la recaída: asegurarse de que nadie sepa que están tratando de mantenerse sobrios.

Ahora, no depende de ti que tu ser querido cuente su historia de adicción y sobriedad, o a quién deberían contar esa historia, pero es una gran idea ser consciente de lo honesto que están siendo con su lucha. Si se lo ocultan a todo el mundo, no se lo dicen a nadie en el trabajo, en la iglesia o en un grupo pequeño, entonces están apuntando en la dirección equivocada.

¡Sé que puede sonar un poco duro, pero me duele ver a la gente luchar con la recaída una y otra vez solo para descubrir que incluso nadie sabía que estaban tratando de mantenerse limpios en primer lugar! Les digo a chicos y chicas todo el tiempo: no tienes que decirle al mundo entero que estás limpio como yo, pero a cuanta más gente pueda decirle un adicto sobre la nueva vida que están recuperando para sí mismos, más responsabilidad tendrán cuando las cosas se pongan difíciles.

Si nadie sabe, nadie puede ayudar.

Históricamente, la sobriedad ha sido un viaje anónimo... Confía en mí, entiendo por qué comenzó de esa manera. Pero en la sociedad actual, creo que eso puede ser contraproducente y solo terminará limitando la protección social de un adicto, y la familia de un adicto. Porque tú tampoco eres inmune a las pruebas y tribulaciones de la recuperación. Esto va a afectarte a ti y a todas las demás personas que están en la misma órbita familiar que tu ser querido.

Así que solo sé: al final, cuantas más personas sepan por lo que estás pasando, más gente puede ayudarte cuando tengas que pasar por un vericueto difícil.

¿Por qué es tan fifícil mantenerse sobrio?

Esta es una pregunta que muchos adictos se hacen a sí mismos, y es probablemente algo que tú como ser querido de un adicto también te has preguntado. Después de todo, lo único que implica la sobriedad es *simplemente no* hacer algo, ¿verdad? ¿Cómo puede ser tan difícil?

Para ayudarte a entender, comencé a hacer esta misma pregunta a algunos de los hombres con los que vivo en Hope is Alive. Estos son todos los chicos que están en diferentes niveles de sobriedad, así que para mantener las cosas rectas y para agregar más conmoción a sus respuestas, he dejado sus nombres fuera, pero he añadido, entre paréntesis, al final de sus respuestas, su duración de sobriedad en el momento en que hice la pregunta. ¿Estás listo? Escuchemos a algunos adictos en recuperación explicarnos por qué es tan difícil mantenerse sobrio.

«La parte más difícil para mí es volver a entrar en mi propia vida. Aprender a lidiar con cosas como sentimientos y problemas a medida que aparecen, sin tratar de escapar de ellos. Esto es difícil, pero realmente se siente extraordinario ser honesto, y eso me impide querer huir de los problemas de los que normalmente huyo». ***(2 semanas)***

«Lo más difícil de vivir una vida sobria es solo eso: "vida sobria". Solo porque haya llegado a la sobriedad no significa que la vida deje de ser dura. "La vida es vida". Hay buenos momentos y malos momentos, momentos de alegría y momentos de dolor. La vida no ha cambiado. Lo que ha cambiado es el hecho de que ya no uso las drogas y el alcohol como mi solución. Cuando logré la sobriedad me dijeron que, si la mantenía, mi vida cambiaría. Ese no ha sido el caso para mí. Lo que sucedió es que, trabajando los pasos necesarios y acercándome cada vez más a Dios, *he cambiado*».

«Así que la vida todavía sigue, pero con los pasos necesarios, y lo más importante, Dios, soy capaz de lidiar con lo que la vida me arroje». ***(2 1/2 años)***

«Para mí hay dos "partes más difíciles" sobre permanecer sobrio. Una sería la "legalidad" y la disponibilidad de mi droga de elección: opiáceos. Puedo tener una receta legítima en mis manos luego de una hora de que me empiece la picazón, y puedo justificarlo. No necesito un traficante de drogas, porque tengo médicos y son mucho más seguros y baratos.

En segundo lugar, y lo más difícil, es lidiar con las emociones.

Durante años no había tenido que lidiar con emociones de ningún tipo, porque podía matarlas con drogas. Desde que adquirí mi sobriedad, he tenido varias experiencias locas, emocionalmente dolorosas, excitantes, de alivio o también agotadoras. Literalmente, años de experiencias y emociones en cuestión de unos cuantos meses. Cuando se puso muy difícil, supe que había una manera instantánea de arreglarlo, aunque yo sabía que era momentáneo: tragar un puñado de píldoras y no sentir más. Eso es fácil. Pero he aprendido que entregarle estas cosas a Dios trae un sentido mucho más poderoso, significativo y gratificante que cualquier píldora me ha traído nunca. Ver a Dios tomar la destrucción de mi pasado y los errores de mi presente y hacer milagros y testimonio de ellos ha sido increíble». ***(5 meses)***

«La parte más difícil de permanecer sobrio es honestamente, la complacencia. En los viejos tiempos de mis días de consumo, la mayoría de los días eran una "aventura" diferente. Diferentes lugares para robar cosas. Salir a beber y no saber realmente dónde podía terminar. Salir de fiesta hasta a las 4:00 de la mañana. Pero estando sobrio, no puedo hacer esas cosas. La mayoría de mis días son casi iguales. Me ha tomado un poco para acostumbrarme, pero definitivamente es una mejor manera de vivir. La mayoría de las cosas son predecibles. No hay muchas sorpresas que te arrojen en sobriedad. Sí, la emergencia familiar ocasional, la enfermedad, la muerte o lo que sea que eventualmente venga, pero así es la vida. Aprendes a lidiar con estas cosas como un ser humano normal en lugar de como un niño. «Mi padre murió así que voy a esconderme en mi habitación durante 30 días seguidos y meterme una aguja llena de drogas porque eso es lo que me hará sentir mejor». Sé que eso ya no funciona, no importa lo difícil que sea la vida. Lo que funciona es hablar de estas cosas. Experimentar los sentimientos, reconocerlos y seguir adelante con mi vida». ***(3 años)***

«Creo que lo más difícil para mí en este punto de mi sobriedad, es aprender a no ser duro conmigo mismo. Tengo este estándar dorado que fue establecido hace mucho tiempo por mi familia y resuena todavía hoy. Puedo deslizarme fácilmente en un modo de odio a mí mismo si no alcanzo la perfección. Pero nuestra literatura habla de progreso y no de perfección. Es difícil darme permiso para no ser el mejor _______________ hoy en día. Si trabajo más duro para hacer algo, eso es lo suficiente el día de hoy». ***(18 meses)***

«La parte más difícil para mí es tener una mente que me dice que esta vez será diferente. Porque cuando pienso en consumir o beber, mis pensamientos se remontan automáticamente a los buenos momentos. Nunca vuelvo a la época en que bebí y conduje y maté a un hombre, o las veces que estaba encerrado en una habitación solo metiéndome cocaína.

Además, todavía es difícil para mí ver programas como Intervención o [medios] que muestran a la gente usando drogas. No puedo ver nada con una aguja, ni incluso que me saquen sangre. ¡Creo que esa es una pequeña manera de Dios de decirme que nunca vuelva a poner una aguja en mi brazo!» ***(2 años)***

«No puedo hacer cosas como tener sexo con mujeres al azar. Sé que suena grosero, pero es verdad. Hoy en día la parte más difícil de vivir una vida sobria es vivir una vida diferente. Mi vida pasada era cómoda, fácil, y yo sabía cómo sobrevivir.

Esta nueva vida es dura y desafiante, ¡Pero en última instancia es mucho más gratificante!» ***(9 meses)***

«La parte más difícil de estar sobrio es mantenerme constante en mis actividades y responsabilidades diarias. Desde que adquirí la sobriedad, he tomado una variedad de nuevas responsabilidades, incluyendo hacer tiempo para ir a ver a mi familia, lo que ha sido difícil porque viven en otra ciudad, manteniendo mi condición física, llegando a lugares a tiempo, y haciendo lo que se supone que debo hacer en el trabajo, llevando a otros a tratar de permanecer sobrios, y continuamente aumentando mi fe en Dios. En mis días de consumo solo estaba pensando en drogarme todo el día. Eso es en todo lo que me enfocaba y todo lo que me importaba. Pero hoy, gracias a Dios, las cosas son diferentes y presentan nuevos desafíos». ***(2 1/2 años)***

«Lo más difícil de mantenerme sobrio para mí es quedarme en "hoy", permanecer presente y no jugar demasiado con el futuro. Como tengo tanta incertidumbre sobre mi futuro, mi mente está constantemente enfocada en prepararme para ir a prisión, así que lucho por encontrar la paz. También me cuesta lidiar con el trauma [porque] ya no puedo eliminarlo con medicamentos». ***(7 meses)***

«Mantener un equilibrio en la vida. Cuanto menos mi vida

se trate de las drogas y de enfocarme en mi sobriedad inicial y más acerca de ser un miembro productivo de la sociedad, cuanto más difícil es mantener un equilibrio». ***(2 1/2 años)***

«Mi vida desde que estoy sobrio es tan inimaginablemente buena que lo más difícil para mí en estos días es recordar lo horrible que era la vida, y lo sería si yo volviera a comportarme como solía hacerlo. Ha habido ocasiones en que he asistido a eventos donde históricamente yo habría bebido o consumido, y la lucha me convence de que, aunque el evento podría ser más divertido no estando sobrio, mi vida después de eso cambiaría rápida y dramáticamente para lo peor». ***(3 años)***

Perspectiva de un padre: Wendell Lang

El capítulo anterior se ha ocupado de la posibilidad de la recaída. La realidad de la recaída debe abordarse con un enfoque de «ojos bien abiertos». El viejo dicho es cierto, «la gente no hace lo que esperas, sino lo que inspeccionas». Creemos en el principio y el espíritu de la esperanza, pero ¿qué puedes hacer para ayudar a tu amor si no hay garantías?

- **Orar.** El salmista dijo: «Ora por la paz de Jerusalén» (Salmos 122:6).
- **Ser misericordiosos.** «Que gobierne la paz de Dios en vuestros corazones» (Colosenses 3:15).
- **Creer la verdad.** Jesús dijo: «El que no me sigue, no puede ser mi discípulo».

Si tienes un ser querido que está perdido, considera lo siguiente: En 1935, Bill Wilson y el Dr. Bob Smith, de Akron, Ohio, desarrollaron un proceso de recuperación para las personas adictas al alcohol. Este fue el comienzo de

Alcohólicos Anónimos (AA) y estos mismos pasos basados en las escrituras han sido adoptados y adaptados por muchos otros grupos de recuperación. Funcionan con el tiempo, si tu ser querido no puede trabajarlos originalmente. Innumerables personas han sido ayudadas y se han mantenido sobrias y limpias. ¡Sí hay esperanza para ti!

CAPÍTULO 10

ENCONTRANDO ESPERANZA

Este libro comenzó por una clase. Era una clase llamada «Encontrando Esperanza» (gran título, ¿verdad?), y empecé a organizarla con el fin de que los familiares de adictos supieran qué esperar y, asimismo, aprendieran a seguir adelante con un adicto en la familia, ya sea que ese adicto estuviera en recuperación activa o no.

Fue, como te puedes imaginar, una montaña rusa para todos los que vinieron a la clase. Tenía tantas cosas que quería enseñarles, tantas cadenas que quería romper, y tantas suposiciones que quería derribar, y todo comenzó con la empatía.

Ya hemos cubierto parte de este terreno, pero demasiada gente asume automáticamente que un adicto es un poco gruñón, un bueno para nada, un ser cobarde que creció en un hogar lleno de ateos que odian a los niños y aunque esto puede ser cierto, no es ni remotamente preciso en todos los casos.

La verdad es que los adictos pueden venir de cualquier

parte. Conozco a muchos adictos que venían de grandes hogares, con padres que los amaban y les proporcionaban todo, que crecían en la iglesia y que pueden citar la Biblia como los mejores conocedores. La mayoría de los adictos con los que trabajo son personas de buen corazón que han sido asaltados por su adicción. Están rotos y heridos, pero no son *malvados*.

Para demostrar esto a aquellos que vinieron a nuestra clase de Finding Hope, traje a algunos de los hombres que están involucrados con Hope Is Alive, hombres que van bien en su camino a la recuperación, que han recuperado la sobriedad y que se aferran a ella para adquirir la vida que desean. Estos hombres son chicos agradables, respetuosos, limpios, honestos, y yo les confiaría (¡casi!) a todos ellos mi vida.

Esta fue una de las cosas que terminaron teniendo un gran impacto en aquellos que pasaron por la clase. Creo que tendemos a tener un miedo leve e intimidante de aquellos que no son como nosotros. Dividimos inconscientemente nuestro mundo en «personas que son como yo» y «personas que no son como yo», y nos sentimos cómodos alrededor de ese primer grupo y extremadamente incómodos alrededor del segundo.

Tendemos querer meter a los adictos en el segundo grupo, pero una cosa que la gente de mi clase comenzó a aprender mientras interactuaban con los hombres de Hope Is Alive, es que la mayoría de los adictos están realmente en gran parte en el primer grupo.

Son solo personas. Igual que tú.

Quebrantadas, como tú.

Lastimadas, como tú.

Necesitan perdón, como tú.

Llamadas a amar, como tú.

Amadas por Jesús, como tú.

De todos modos, cerca del final de nuestra primera sesión de clases, recorrí la habitación para recapitular lo que todos habían aprendido y cuáles fueron las mejores aportes que se llevaban. Aquí hay algunas citas de padres, cónyuges y otros seres queridos que asistieron.

«Ojalá hubiésemos tenido esta clase unos años atrás y haber aprendido todo esto».

«Aprendí mucho de los chicos y todo lo que tenían que decir».

«El amor firme y el establecimiento de límites es realmente muy importante».

«Soltar es necesario».

«Me encantó conocer sobre el nuevo idioma que necesitas aprender a hablar; siento que me han quitado muchos kilos de encima».

«Ahora estoy más relajado. Puedo orar con más confianza después de escuchar a todos los chicos decir que Dios es lo que los ha llevado a superar esto».

«Puedo dejar el orgullo; yo también tengo que arreglarme a mí mismo».

«Ya no tengo que llevar esta carga. Finalmente puedo decir que hay esperanza».

Entonces les preguntamos qué fue lo que les resultó más difícil de recibir o escuchar de esta clase.

«Ver a un ser amado tocando fondo».

«Sacar a relucir todas las cosas viejas que había escondido

dentro de mí mismo».

«La palabra “recaída”».

«La palabra “tratamiento” repetida tantas veces».

«Historias sobre padres que recibieron llamadas telefónicas a mitad de la noche y temiendo recibir una para decirme que mi hijo está muerto».

«No hay una receta que te diga paso a paso cómo curar a un ser querido adicto».

«Muerte».

«Escuchar a estos jóvenes hablar de las decisiones que tomaron y luego escuchar su angustia por haberlas tomado».

«Descubrir que estoy siendo un facilitador». «Encontrar la línea divisoria entre codependencia y amor».

«Aprender que no puedo curarlos».

«Cuando rezo y rezo, pero Dios no arregla la situación».

Estos son probablemente algunos pensamientos que te podrían estar pasando por la cabeza o sentimientos que podrías estar sintiendo también. ¡Está bien! Es difícil ver a un ser querido o miembro de la familia pasar por el dolor, e incluso más difícil reconocer los papeles que puedes y no puedes desempeñar para ayudarlos a encontrarse de nuevo.

Pero además de todos estos pensamientos y sentimientos, la única cosa que oímos una y otra vez y que superó a todas las cosas buenas, y permitió que brillara una luz de esperanza en medio de tanta dureza, fue una frase de tres palabras que casi todo el mundo mencionaba:

«No estoy solo».

Creo, en lo más profundo de mi corazón, que la mejor medicina para las familias que viven con la adicción, es el empoderamiento, el conocimiento de que en la vida no *estás* solo.

Voy a decir esto otra vez, porque quiero asegurarme de que puedas aferrarte a esta verdad y alojarla en la parte más íntima de tu alma —así de importante es:

Tú.

No.

Estás.

Solo.

En caso de que no lo sepas ya, este es el principio rector de los grupos pequeños. La Biblia es nuestro mejor maestro del valor de la comunidad, y la iglesia del Nuevo Testamento nos dijo cómo compartir no solo nuestras bendiciones, sino también nuestras luchas. Y cuando llegamos a estar unidos en nuestro dolor, todavía bajo la bandera del amor, podemos comenzar a encontrar la esperanza.

Encontramos esperanza cuando podemos sentarnos entre otros que viven las mismas luchas y victorias que nosotros, y compartimos sobre lo que estamos enfrentando en nuestras vidas. Exhalamos profundamente, temblando internamente mientras hablamos del terror, el miedo, la vergüenza, la confusión, y la duda que sentimos... y luego con fuerza mientras observamos cómo docenas de cabezas asienten en señal de acuerdo y las lágrimas caen al unísono.

Entonces y solo entonces podemos captar esta majestuosa sensación de ESPERANZA. Juntos estamos

Sosteniendo

En

Oración

En expectativa

Entonces, ¿cómo encuentras la esperanza? Encontrando ayuda.

Ayuda de Dios.

Ayuda de otros.

Y sí, ayuda a través de ti mismo.

Esta puede ser una de las lecciones más difíciles para un miembro de la familia, o cónyuge, o padre de un adicto, en verdad una lección difícil: es más importante que te concentres en ti mismo que en el adicto que amas. Su salud y potencial a largo plazo de encontrar el regalo que da vida a la sobriedad se basa en su capacidad para estar saludable, pero también depende de igual modo de *que tú estés tan saludable como ellos*.

Lo he visto una vez y lo he visto cientos de veces. El adicto va al tratamiento, sale y recae en la adicción. Caen más, causan más dolor y luego vuelven al tratamiento, ¡salen y recaen de nuevo! Este proceso se repite una y otra vez. Excepto cerca del final; algo cambia. Los padres o cónyuges finalmente comienzan a entender el papel que juegan en este drama diabólico, y comienzan a obtener ayuda para sí mismos. Encuentran una reunión de Celebrar la Recuperación para asistir, un grupo de Al-Anon, y a medida que comienzan a encontrar salud, milagrosamente, el adicto comienza a encontrar una base sólida para su sobriedad.

Es difícil de creer, pero créeme que es la verdad. La recuperación de un adicto está a menudo de acuerdo, al mismo tiempo, con la búsqueda de la recuperación de la familia. O, mejor dicho, tu adicto encuentra la ESPERANZA, ¡cuando tú encuentras LA ESPERANZA!

Así que conseguir ayuda para ti mismo debe ser una prioridad. De hecho, creo que deberías considerar que tu salud es más importante que la de tu ser querido adicto.

Sé que puede parecer contradictorio, pero es la pura verdad. ¡Y está bien pensar de esa manera! Muchas veces las personas, especialmente las de fe, se sienten crueles o egoístas cuando priorizan su propia salud física, emocional o espiritual sobre los demás. ¡Pero esto es una falacia! Jesús dio un mandamiento explícito de «amar a tu prójimo como a ti mismo», pero dentro de ese mandamiento hay una suposición implícita: de que te amas a ti mismo. Solo puedes amar a tu prójimo, a tu hijo, a tu cónyuge o a tus otros miembros de la familia, como tú te amas a ti mismo. Y eso significa que debes cuidar de ti.

CAPÍTULO 11

¡DÉJALO IR!

Hay una vieja canción con la que crecí, y la letra del coro dice así: «Ahora que has encontrado el amor, ¿qué vas a hacer con él?». Pienso en esta canción a menudo, pero le hago cambios. En lugar de «amor», digo «ESPERANZA».

Así que ahora que has encontrado la ESPERANZA, ¿qué vas a hacer con ella?

La recuperación es un viaje de por vida, tanto para ti como para tu ser querido. Cuando la adicción se asienta en la vida de tu ser querido, se asienta de por vida. Esta verdad es fácil de decir, pero difícil de aceptar, pero eso no la hace menos cierta. Tu cónyuge, hijo, hija, padre o miembro de familia enfrentarán esta lucha mientras estén vivos.

Creo que las familias más exitosas son aquellas que abrazan la difícil situación de las adicciones y las recompensas de la recuperación. No he llegado a esta creencia a través de un marco teórico o una serie de experimentos de pensamiento, creo esto porque lo veo una y otra vez.

Básicamente, cuando tu hijo o cónyuge encuentra la recuperación, ¡entonces tú necesitas encontrarla como ellos!

Y una gran parte de la recuperación es el principio de retribuir.

La ventaja injusta de tu historia

Nunca deja de sorprenderme la frecuencia con la que la gente se me acerca y me dice lo inspirados que están por mí.

O cómo aman lo que estoy haciendo y son desafiados por ello. Lo escucho todo el tiempo, y te aseguro que no tiene nada que ver con mi capacidad de hablar o escribir, sino con todo lo que tiene que ver con Dios y esta ventaja injusta que me ha dado a través de mi historia de esperanza.

Verás, tengo algo que nadie más tiene. Y tú también. Se llama *mi historia*. Es perfectamente mía y específicamente diseñada para ayudar a los demás. ¡Pero la tuya también! Porque tan singulares como cada uno de nosotros, nuestras luchas son a menudo universalmente experimentadas. Lo que he pasado, también lo han pasado otros. Lo que estás experimentando, también lo están experimentando los demás.

Tienes una historia que contar. No te quedes pensando, y no dejes que se desperdicie. No importa en qué parte esté tu historia hoy, alguien necesita escucharla. Tú puedes haber llegado a la victoria en el tercer acto que inspiraría incluso al alma más oscura, o actualmente puedes estar atrapado en una etapa aterradora del segundo momento culminante, colgando con la fuerza de tus yemas de los dedos, y preguntándote si serás capaz de encontrar de nuevo tus pies firmes.

Por mucho que tu historia haya progresado, tienes lo que

otras personas necesitan escuchar.

Cuando puedas empezar a ver tu situación —no importa cómo se vea— como una bendición, entonces puedes usarla para cambiar el mundo.

Personas reales, que han pasado por problemas reales de dolor y sufrimiento, tienen lo que Mike Foster, el fundador de People of the Second Chance, llama «la ventaja injusta».

Has vivido una tragedia, has llegado a la puerta de la muerte, y ahora tienes una ventaja injusta, porque has encontrado algo que el mundo entero necesita.

La esperanza.

La esperanza es lo que te hace libre para vivir de nuevo. Sí, tu situación con tu ser querido podría estar empezando. Pero ahora tienes la esperanza de saber que no importa cuán oscuro se ponga, Dios nunca te dejará varado sin ayuda. O tal vez tú estás en la angustia de la situación, atascado en el mero medio del infierno que es la adicción. Hoy puedes sonreír sabiendo que la mejor decisión que puedes tomar es la que te da la medicina que te mereces. O tal vez estás en una historia de recuperación, viendo la luz volver a los ojos de tu ser querido. Puedes mirar hacia atrás a la esperanza que te sostuvo a través de la oscuridad y saber que eres capaz de confiar en ella en el futuro, todo mientras se la transmitas a otros que somos como tú.

Fuimos creados para dar esperanza al resto del mundo. Nuestras experiencias nos dan la ventaja injusta de la ESPERANZA.

La esperanza es el ingrediente clave que falta en las vidas de las personas lastimadas.

Encontrar esperanza ayuda a calmar el dolor.

Tu historia, que siempre está siendo escrita, es una herramienta mortal que se puede utilizar para apagar los ataques más feroces del enemigo. Nuestros hermanos y hermanas necesitan desesperadamente verte de pie con valentía y compartiendo tu historia, no importa lo «loca» que pueda ser, ¡para que puedan ver que la esperanza existe y todavía está viva!

Entrevistas con otros adictos: Jeff L.

¿Como es tu relación con tus padres ahora que ya estás sobrio?

Mi relación con mis padres no podría ser mejor. ¡No solo me permiten estar cerca de ellos, sino que realmente quieren que esté cerca de ellos! Confían plenamente en mí, respetan la vida que vivo, y ambos me han dicho varias veces lo orgullosos que están de mí.

Ya que has permanecido sobrio, ¿cuáles son algunas de las cosas que tus seres queridos te han hecho hacer para ganarte su confianza?

Lo primero que me hicieron hacer es no solo alcanzar una vida sobria, sino ser un líder y desafiarme a mí mismo en la vida sobria. Durante los primeros dieciocho meses de mi sobriedad, tuve una tarjeta de débito recargable y nunca podía tener más de $30 en ella. Tampoco podía acceder a dinero en efectivo del cajero automático con esta tarjeta. No pude tener un auto hasta que mantuve un trabajo por seis meses.

¿Qué has visto hacer a tus seres queridos que más les

haya ayudado a lo largo de este proceso?

Lo principal que mis padres hicieron que les ayudara, fue venir al centro de tratamiento cada fin de semana y sentarse con mis consejeros y conmigo. Esto nos dio la oportunidad de expresarnos sin que hubiera problemas importantes. Los consejeros podían corregir cualquier error en la manera en que pensábamos, y todos podíamos encontrar soluciones positivas a nuestros problemas. También asistieron los fines de semana de familia, lo que los ayudó a darse cuenta de cómo me habilitaron en mi adicción, y les dieron herramientas para detener el ciclo. Mi madre también asistió a Al-Anon mientras yo estaba en tratamiento.

¿Crees que estarías limpio hoy si tus seres queridos no hubieran recibido la ayuda que también necesitaban?

Creo que lo estaría. Ahora soy un adulto y la decisión era mía. Dicho esto, la decisión fue mucho más fácil de tomar sabiendo las consecuencias pendientes que podían ocurrir de no mantener la sobriedad. Mis padres actuando de manera severa dibujaron una línea clara en la arena que me dejó perfectamente delimitado dónde estaba y qué pasaría si no arreglaba mi vida.

¿Cómo es tener una relación saludable con tus padres hoy?

Honestamente, es la mejor parte de la recuperación. Era tan estresante tener que mentir todo el tiempo, y mis padres siendo la gente que más me amaban en el mundo, tenían que escuchar la gran mayoría de mis mentiras. Es tan agradable ver una llamada de mi mamá y no asustarme. Es tan agradable su llamada telefónica y con mucho gusto aceptarla porque me encanta hablar con ella y no puedo esperar para escuchar lo que tiene que decir. También me encanta el hecho de que cada vez que hablo con mi padre, me dice lo que están cocinando para la cena y me ofrece una invitación y en realidad se decepciona cuando no puedo hacerlo.

Entrevistas con otros adictos: Michael G.

¿Cómo es tu relación con tus seres queridos ahora que estás sobrio?

Mi relación es la mejor que pudiéramos tener. No he estado sobrio como adulto, y tener una relación de adultos con mis padres es una verdadera bendición. Tenemos comunicación como nunca. De hecho, valoro sus opiniones y no siento que siempre me están juzgando. No siento la culpa que una vez sentí que dificultó la obtención de esta relación.

¿Tus seres queridos (en este caso tus padres) establecieron alguna pauta o regla para ayudarte a ganar su confianza una vez más?

El tiempo fue mi mayor aliado para recuperar su confianza. Mis padres no establecieron pautas... después de que fuimos a Al-Anon, solo lo tomaron día a día, como yo. Con el tiempo, he demostrado mi seriedad hacia mi recuperación, y esto ha construido un poco de confianza de nuevo. Solo necesito seguir haciendo lo correcto y funcionará.

¿Qué has visto hacer a tus padres que más les ha ayudado a lo largo de este proceso?

Buscar ayuda para sí mismos.

¿Crees que estarías limpio hoy si tus padres no hubieran recibido la ayuda que necesitaban?

No, porque la culpa del dolor que les he causado me pondría mucho peso. Es más fácil volver a ser saludables cuando los que amas están volviendo a ser saludables como nosotros también.

¿Cómo es tener una relación saludable con tus padres hoy?

Grande. Puedo ver el orgullo en sus ojos, y espero pasar tiempo con ellos. Los llamo de repente solo para conversar.

¿Qué fue lo mejor que tus padres hicieron por ti?

El no habilitarme más, pero sí ofrecerme ayuda para entrar en rehabilitación.

Perspectiva de un padre: Pam Lang

Santiago 1:17 dice: «Toda buena dádiva y todo don perfecto descienden de lo alto, donde está el Padre que creó las lumbreras celestes, y que no cambia como los astros ni se mueve como las sombras». Cómo bendigo a mi gentil Padre Celestial por el don del regreso de mi precioso hijo de la arcilla lodosa. Cómo bendigo a mi Padre Celestial que ha dado a toda mi familia una segunda oportunidad de ser una familia. Cómo bendigo a mi Padre Celestial protector por que Lance está vivo, no en prisión, y porque no lastimó físicamente a nadie mientras estaba bajo la influencia de las drogas. Cómo bendigo a mi Padre restaurador que le ha dado a mi hijo la oportunidad de crear un «mensaje a partir de su desorden». Cuando pienso en cómo podrían ser las cosas de drásticamente diferentes, no puedo hacer otra cosa que caer de rodillas y agradecerle a mi Dios por esta segunda oportunidad.

La mayoría de las personas en mi época de la vida recuerdan las graduaciones de sus hijos, bodas, y los nacimientos de sus nietos como algunos de los días más maravillosos de su crianza. Claro que sí. Pero también añado eventos como la transición de Lance de la rehabilitación, cuando comenzó a contar su historia de redención y recuperación, cuando comenzó a tomar la restitución por sus pasadas malas decisiones, y cuando dedicó su vida a darle esperanza a hombres y mujeres atrapados en la adicción.

Recuerdo dos ocasiones en las que le susurré al oído: «Gracias por darme una de las mejores noches de mi vida». La primera ocasión fue en la firma de libros para su primer libro, *Hope is Alive*, y la segunda fue en su primer evento Night of Hope. Llegué a ver lo que sabía que estaba ahí todo el tiempo: mi hijo es extremadamente talentoso y capaz de usar todos sus talentos y habilidades para siempre. Tengo que ser testigo de él, dar en lugar de tomar; llegué a verlo compartir la verdad en lugar de las mentiras; tengo que verlo compartir esperanza en lugar de vivir desesperadamente.

2 Corintios 1:3-4 dice: «Alabado sea el Dios y Padre de nuestro Señor Jesucristo, el Padre de la compasión y el Dios de todo consuelo, que nos consuela en todos nuestros problemas, para que podamos consolar a los que están en problemas con el consuelo que nosotros mismos recibimos de Dios». Esto se ha

convertido en mi mantra. No desperdiciaré este sufrimiento.

Mi esposo y yo queremos desesperadamente consolar a los padres que están en medio de lo que significa tratar con un niño atrapado por la adicción. No es que tengamos grandes palabras de sabiduría o consejos que automáticamente restauren a tu hijo, pero sí sabemos que nuestro Padre Dios tiene todas las respuestas. Lo que podemos hacer es acercarnos audazmente al trono de la gracia en su nombre. Lo que podemos hacer es consolarlos, amarlos, animarlos y caminar por la misma pesadilla con ellos.

Cómo me gustaría poder transportar a mis amigos al otro lado cuando los veo pasar por lo que pasamos. Pero no puedo, así que en su lugar rezo y los aconsejo y trato de llevar a sus hijos a un programa de recuperación. Los escuchamos llorar incontrolablemente, retorciéndose las manos, y culparse a sí mismos y usar todos sus ahorros o dinero de su jubilación. Parece que estás en un agujero negro sin salida. Por lo tanto, hacemos lo que podemos para consolarlos en su aflicción de la misma manera que Dios nos consoló en nuestro tiempo de aflicción.

¿Puedo repetir lo mismo? *No desperdiciaremos nuestro* sufrimiento, aunque sería mucho más fácil distanciarnos y permitir que el orgullo gane. Sería increíblemente más sencillo dejar que la vergüenza nos silencie, que la culpa nos robe de cualquier gozo; pero, al contrario, usaremos nuestro sufrimiento como plataforma para mostrar a nuestro Dios de la Esperanza, la única esperanza de cualquiera de nosotros al atravesar nuestro mundo roto.

Uno de mis versos favoritos de mi vida en las Sagradas

Escrituras es Salmos 40:1-3: «Pacientemente esperé a Jehová, y se inclinó a mí, y oyó mi clamor. Y me hizo sacar del pozo de la desesperación, del lodo cenagoso; puso mis pies sobre peña, y enderezó mis pasos. Puso luego en mi boca cántico nuevo, alabanza a nuestro Dios».

Ruego que tu hijo o ser querido salga de la horrible fosa de la adicción. Ruego que cuando lo haga, que tu familia elija consolar a los demás en su aflicción. Que todos cantemos un nuevo canto de alabanza y acción de gracias de cómo Dios restaura y trae esperanza a los desesperados, que nosotros, con nuestras vidas, bocas y testimonios, proclamemos: «LA ESPERANZA ESTÁ VIVA».

Perspectiva de un padre: Wendell Lang

Nos dieron algunas señales de que nuestro hijo tenía un problema, y yo hubiera querido que la primera vez que alguien me dio esa pista, yo hubiera sabido qué hacer. Que hubiera sido fuerte y decisivo. Padres, ojalá entiendan esto. A veces cuando no sabemos qué hacer, no hacemos nada, y eso puede interpretarse más adelante como negación o habilitación o bendición de malas decisiones, pero no era eso en realidad lo que pasaba. Para mí, era solo estar ahí sabiendo que nuestra familia tenía que moverse en una dirección u otra, pero sin saber hacia dónde ir.

Sin embargo, una vez que nos enteramos con certeza de que teníamos un problema de grandes ligas con Lance, no hubo enojo. Sí, ha habido momentos de vergüenza a lo largo de todo esto, e incluso hasta el día de hoy, esta costra puede ser derribada y es dolorosa, pero la emoción principal que sentí fue la determinación. Estaba listo para hacer lo que fuera para curar a Lance y por el resto de nosotros. Eso superó toda vergüenza y cualquier tipo de dolor personal. Y nos llevó por un camino en el que nunca soñamos estar.

Lo más doloroso para nosotros fue ver a Lance en desintoxicación. Cuando esas toxinas salían de él, verlo levantarse y literalmente patear sus piernas para sacarse ese veneno de su sistema, ahí en el lugar más bajo, más desgastado en Oklahoma City. Eso fue difícil. El dolor de eso como padre... solo quieres que mejore. La filosofía de la adicción no importaba en ese momento, solo sentí una pesadez y un dolor vicario por Lance y por su madre.

Pero de ese dolor salió lo bueno. Ahora Lance está dando como retribución. Está en las iglesias casi todos los domingos contando su historia; sus libros han ayudado a innumerables personas; y podemos referir a personas al tratamiento a través de Hope Is Alive. Yo nunca he tenido esa oportunidad, y parece raro, pero estoy tan feliz. ¡Es la soberanía de Dios! Digo una y otra vez, que Romanos 8:28 no dice que todas las cosas son buenas —dice que todas las cosas trabajan juntas para el bien de aquellos que son llamados de acuerdo con la voluntad de Dios.

Ahora podemos ver una imagen clara de lo que Dios estaba haciendo con Lance. Se ha utilizado providencialmente para ayudar a mucha gente. Hay mucha esperanza en eso y muchas razones para regocijarse.

Pero también hay una parte agridulce. Mi hijo se levanta los domingos por la mañana, se pone detrás del podio y ofrece un sermón... sobre cómo su vida fue arruinada por las drogas. Por supuesto, desearía que estuviera siguiendo mis pasos pastorales y estuviera ahí arriba por una razón diferente. Por supuesto, desearía que hubiera tomado buenas decisiones desde el principio, y que, juntos, todos podríamos haber escapado de alguna manera parte del dolor que él atravesó. Claro que sí.

Pero no pasó mucho tiempo reviviendo esos momentos de dolor. Porque veo a la gente responder al mensaje de esperanza. Veo que la gente responde a lidiar con el exceso en su propia vida, y a tomar malas decisiones. Veo a Dios usando vasos rotos.

Hicimos todo bien. Yo prediqué acerca de pasar tiempo con la familia, y lo hice. Nos tomamos vacaciones. Estuve en los juegos de pelota. Pasamos tiempo de calidad juntos. ¡Así que la adicción de Lance parecía injusta! No parecía legítimo, porque lo habíamos «hecho bien». ¿Qué había pasado?

Ahora soy uno de los mayores partidarios de Lance, y eso no es solo porque sea mi hijo. Los padres queremos que nuestros hijos tengan éxito. Es por eso por lo que nosotros jugamos baloncesto en la entrada con ellos hasta que oscurece; por eso que jugamos al catch en el patio trasero; es por eso que vamos al campo de fútbol. Cuando tu hijo está involucrado en algo, tú lo haces.

Mis padres eran un poco más distantes, así que yo estaba por completo con Lance. No solo iba a los juegos, ¡Yo quería ir a la práctica! Eso es parte de mi estructura, y parte del porqué apoyo el ministerio de Lance ahora.

Otra razón por la que apoyo Hope Is Alive es simple: porque, de cierto modo, nació en mi porche. Lance acababa de ser despedido de un buen trabajo, él estaba recién sobrio, y estábamos sentados allí preguntándonos qué era lo siguiente.

Le pregunté qué era lo siguiente, y aunque él lo recuerda un poco diferente que yo, ahí fue donde nació el ministerio de Hope Is Alive. ¡Yo tengo que estar en eso!

Pero como padre, me he vuelto feliz de estar en el papel de Juan el Bautista para HIA. Estoy feliz de disminuir y dejar que Lance crezca. Así es como doy en retribución.

Así que ahora te pregunto: te han dado un regalo. ¿Cómo vas a retribuirlo?

Cerrando con Lance:

Así que, de nuevo, ahora que has encontrado la ESPERANZA, ¿qué vas a hacer con ella? Los próximos pasos dependen de ti. Es tu turno. Y de eso se trata realmente la recuperación. Salir con la acción para aplicar lo que has aprendido y empezar a hacer cambios.

Para ti puede significar hacer algo que nunca has hecho, como cortar las finanzas de tu hijo, cambiar las cerraduras o dejar a tu hijo en la cárcel.

O tal vez te estás dando cuenta de que durante años has estado viajando por este camino solo, y tú estás listo para encontrar un grupo de apoyo que pueda comenzar a ayudarte a sanar tus heridas.

Pero sé que, para muchos, tú puedes sentir que acabas de leer la historia de tu hijo. Pero tu hijo o hija aún no han encontrado la sobriedad. Bueno, hoy puede ser el momento de llamarnos a Hope is Alive y comenzar ese viaje de encontrar el centro de tratamiento adecuado.

O, tal vez, al leer este libro comenzaste a darte cuenta de tu papel en el problema y en lugar de que tu hijo reciba ayuda profesional, es hora de que tú consigas ayuda. Eso está bien. Todos estamos un poco locos, ¿recuerdas? Llámanos a HIA y permítenos ayudarte a encontrar al consejero adecuado.

Para ustedes, madres, puede ser que al cerrar este libro te arrodilles y reces la oración de la madre que discutimos en el capítulo 8. Entregando completamente tu ser querido a Dios, y aceptando el resultado que él proporciona.

Lo que sea que saques de este libro, ¡mi esperanza es que te vayas con la certeza de que no estás solo, no es tu culpa y sí hay esperanza!

Por último, rezo para que este libro los desafíe a tomar acción. Para entrar en la jugada y no permitir que la adicción te mantenga atado a la línea lateral. El cambio real tiene lugar cuando elegimos tomar medidas reales. En la acción encontramos la esperanza, y cuando encontramos la esperanza, descubrimos una nueva vida. Una vida de libertad, gracia, aceptación y amor. Es una vida hermosa, una vida que te mereces.

ACERCA DEL AUTOR

Lance Lang ha dedicado su vida a sembrar e inspirar esperanza en todas las personas con las que se encuentra. Su poderosa historia de superación de la adicción ha tocado la vida de miles de personas en todo el país. Lance es un bloguero exitoso y un orador muy solicitado, conocido por su capacidad para hablar directamente al corazón de cualquier público. También es el fundador de Hope is Alive Ministries, una organización sin fines de lucro dedicada a apoyar a los hombres, las mujeres y sus familias para que se recuperen de todo tipo de adicciones.

Conéctate con Lance:

    @LanceLang

 Lance@LanceLang.com

HOPE IS ALIVE

Este libro es la historia de cómo se perdió mi esperanza, cómo la reencontré y cómo la he mantenido viva. Lo escribí para drogadictos, alcohólicos, jugadores, adictos al sexo, gente herida, gente orgullosa y gente enojada. Lo escribí para los culpables, los inseguros, los obsesionados, los perpetuamente decepcionados y cualquier otra persona atrapada en el tornado de destrucción que es la adicción.

THE HOPE HANDBOOK

El manual de la esperanza es la guía correspondiente que lleva al lector más profundo en cada capítulo, permitiéndoles la oportunidad de compartir sus experiencias personales y participar en actividades creadas para solidificar la enseñanza, ofreciendo tiempos terapéuticos de mediación, música y oración.

*Inspirando Esperanza * Construyendo Fundamentos * Cambiando Vidas*

En Hope is Alive Ministries trabajamos duro todos los días para ayudar a las personas a encontrar la esperanza. Trabajamos con familias, adictos en adicción, adictos en recuperación, pastores y líderes eclesiásticos, profesionales de asesoramiento, intervencionistas y muchos más. ¡Estas son algunas de las maneras en que HIA puede ayudarte!

HIA Mentoring Homes: Operamos tres Casas de Mentorización para recuperar adictos que están tratando de cambiar sus vidas. Estos son lugares seguros y estructurados para que los hombres comiencen sus vidas de nuevo.

Finding Hope: Cada semana ofrecemos grupos de apoyo para padres y seres queridos de adictos junto con clases separadas para adictos en temprana sobriedad. Obtén más información aquí: **www.FindingHope.Today**

Noche de esperanza: Estos eventos atractivamente creativos e inspiradores proporcionan ayuda y ESPERANZA a la comunidad. Proporcionamos educación y recursos gratuitos a las personas activamente afectadas por la adicción.

Programa de Asociación de la Iglesias: Consultamos y nos asociamos con las iglesias para proporcionar a su personal un "Primer Respondedor" en tiempos de crisis de adicción, al mismo tiempo que proporcionamos a su congregación valiosos recursos y opciones de referencia.

Servicios familiares: Hope is Alive proporciona servicios de referencia, intervenciones, consultoría familiar y recursos gratuitos a individuos en todo el país. Visite **www.HopeisAlive.net/Resources** para encontrar nuestra lista de recursos de confianza.

Para obtener más información sobre Hope is Alive Ministries visítenos en www.HopeisAlive.net.

Conéctate con HIA:

/hopeisaliveok @HopeisAliveOK @Hope_is_Alive

www.ingramcontent.com/pod-product-compliance
Lightning Source LLC
LaVergne TN
LVHW010704110826
845149LV00014B/3226

* 9 7 8 0 9 9 0 3 1 1 8 3 6 *